Rudolf Genée

Stadt und Veste Coburg

nebst Umgegend für Fremde und Einheimische

Rudolf Genée

Stadt und Veste Coburg
nebst Umgegend für Fremde und Einheimische

ISBN/EAN: 9783743479838

Hergestellt in Europa, USA, Kanada, Australien, Japan

Cover: Foto ©ninafisch / pixelio.de

Rudolf Genée

Stadt und Veste Coburg

Stadt und Veste
COBURG,
nebst Umgegend.

Für Fremde und Einheimische

historisch und topographisch
dargestellt.

Mit einem Stadtplane Coburgs.

Coburg.
Verlag der J. G. Riemann'schen Hofbuchhandlung.
1866.

I. Politische Geschichte des Herzogthums Coburg.

Das reizende, ausserhalb des südlichen Randes des Thüringer Waldes gelegene Ländchen mit seinen üppigen Wiesen und waldbedeckten Höhen, seinen anmuthig gelegenen Schlössern und Burgen, dies schöne Stückchen Erde, welches als **Herzogthum Coburg** das südlichste der Thüringischen Fürstenthümer bildet, hat eine sehr complicirte Geschichte, welche, gleichwie die der andern sächsischen Herzogthümer, besonders characteristisch ist durch die äusserst zahlreichen **Landestheilungen** und durch die damit verbundenen Besitzveränderungen unter den verschiedenen Fürsten. Die Geschichte Coburgs als eines selbstständigen Fürstenthums beginnt eigentlich erst gegen Ende des 16. Jahrhunderts, mit der wichtigen Landestheilung vom Jahre 1572, durch welche die **Weimarischen** Lande dem Herzog **Johann Wilhelm** verblieben und das **Coburgische** Gebiet den Söhnen Friedrichs des Mittleren, den Herzögen **Johann Casimir** und **Johann Ernst**, zufiel. Leider war dies nicht die letzte der Theilungen, durch welche die hie und da kräftig begonnene Entwickelung der sächsischen Herzogthümer zu einer einheitlichern Macht immer wieder von Neuem gehemmt wurde.

1. Aelteste Geschichte bis zu den Markgrafen von Meissen.

Ueber die früheste Periode der Coburgischen Geschichte sind die Nachrichten theils sehr lückenhaft, theils unklar. Der Grund davon ist hauptsächlich in der Unsicherheit der Mittheilungen über die früheren Grenzgebiete, der damaligen **Gaueintheilungen**, zu suchen. Zum **Orlagau**, welcher unter den Gauen Frankens und Thüringens die grössten Gebiete zu umfassen schien, hat auch das jetzige Coburgische Land gehört.

Noch ehe von einer **Stadt** Coburg die Rede sein konnte, bestand schon die alte **Veste Coburg**, freilich noch in sehr unvollkommener Gestalt, sowie andere Burgen des Landes, und einzelne Kapellen, Weiler, Höfe und Klöster. Das sehr weit sich erstreckende östliche Franken, im Nordosten durch den Thüringer Wald begrenzt, war — wie schon angedeutet — damals in gewisse Bezirke eingetheilt, deren jedem ein Gaugraf vorstand. In einer Urkunde d. J. 837 wird auch ein Gaugraf von Heldburg genannt. Coburg finden wir zuerst in einer Urkunde d. J. 1008 erwähnt, in welchem Jahr der Archidiakonus zu Würzburg einen Priester des Klosters zu Saalfeld zum Probst von Coburg einsetzte. Vom J. 1010 bis 1035 hatte das Reichsgut Saalfeld dem Pfalzgrafen Ehrenfried am Rhein gehört, der diesen Besitz bei seinem Tode seiner ältesten Tochter Richza vermachte. Dieselbe hatte sich mit dem polnischen König Micislaw vermählt, zog sich aber nach ihrer Scheidung von demselben nach Saalfeld zurück, wo sie 1063 starb und ihre Coburgischen und Saalfeldischen Erbgüter dem Erzbischof Anno von Cöln vermachte. In der darüber bereits im J. 1057 ausgestellten Urkunde werden die Lande als: Coburg, Saalfeld und Orla bezeichnet, ohne dass man über den Umfang dieser damaligen Provinzialgebiete Genaueres erfährt. Viele der jetzigen Coburgischen Ortschaften (Lauter, Weidach u. A.) waren damals Stiftslehen des Klosters Saalfeld. Im 12. Jahrhundert wurde von der Abtei zu Saalfeld, an der Stelle, wo jetzt das herzogliche Schloss die Ehrenburg zu Coburg steht, ein Barfüsserkloster gestiftet.

Aus den Geschlechtern der Gaugrafen wuchs besonders mächtig die Dynastie der Grafen von Henneberg empor, und sie war es auch, welche für längere Zeit die Herrschaft über das Coburgische Gebiet erlangte. Vom J. 1210 wird in den Chroniken noch gemeldet, dass in dem Frankenland zwischen den „Baronen" des Coburger Landes und den Grafen von Henneberg „grosse Unruhen und Streit" entstand, wodurch das Land durch Raub und Brand verwüstet wurde. Durch Erbschaft hatte aber auf einen Zeitraum von etwa 20 Jahren auch das markgräfliche Haus Brandenburg den Besitz der Herrschaft Coburg erlangt, bis ein Theil der ehemals Hennebergischen Besitzungen, zu denen auch Coburg gehörte, durch Vermählung des Grafen Heinrich von Henneberg mit der Brandenburgischen Markgräfin Jutta im J. 1312 auch Coburg wieder mit der Herrschaft Henneberg vereinigt wurde, deren Besitzthum nunmehr die grösseren Theile der jetzigen Herzogthümer Meiningen und Coburg umfasste, während nach Südwest die Herrschaft bis nach Schweinfurt sich erstreckte. Aber die förmliche **Belehnung** des fürstlichen Hauses Henneberg mit den **Coburgischen** Ortschaften durch den Kaiser Ludwig den Baier fand erst 1323 statt und ist diese Urkunde an den Fürsten **Berthold von Henneberg** ausgestellt; einige Jahre später wurden der **Stadt Coburg** besondere Privilegien verliehen.

Im J. 1340 starb Fürst Berthold von Henneberg; ihm folgte sein Sohn **Heinrich**, und nach dessen Tode erbte die Herrschaft die Wittwe Heinrichs, Gräfin **Jutta** von Henneberg. Die von den Hennebergischen Fürsten als „**neue Herrschaft**" bezeichneten Coburgischen Lande wurden nach Frau Jutta's Tode im J. 1353 an ihre drei Töchter, resp. deren Gatten vertheilt und kam hierdurch der **erste** Theil (die Schlösser Steinach, Sternberg, Königshofen, Münnerstadt etc.) an den Grafen Eberhard zu Würtemberg; einen zweiten, viel bedeutenderen Theil (die Städte und Burgen Kissingen, Hildburghausen, Eisfeld, Königsberg etc., sowie Schmalkalden) erhielt durch seine Gemahlin der Burggraf Albrecht von Nürnberg; und die Schlösser und Städte **Coburg, Sonneberg, Neustadt, Neuhaus, Schalkau, Strauf und Rodach** kamen an Jutta's zweite Tochter Katharina und durch sie an deren Gemahl, den **Markgrafen Friedrich zu Meissen**.

2. Bis Herzog Johann im Jahre 1541.

Obwohl mit den Markgrafen zu **Meissen** bereits die Herrschaft der **späteren beiden herzoglich sächsischen Linien** begründet war, so wurde das Coburgische Gebiet doch erst später für das sächsische Land dadurch erweitert, dass im J. 1344 der Bruder des Markgrafen Friedrichs des Strengen, **Markgraf Balthasar**, durch seine Vermählung mit einer Tochter des Burggrafen **Albrecht** zu Nürnberg, auch die Städte und Aemter Heldburg, Hildburghausen, Eisfeld etc. an sich brachte. Späterhin erwarben Friedrichs Söhne durch Kauf auch noch das Amt Königsberg. Diese Ländergebiete, welche vorläufig noch als „**Orts-Lande in Franken**" besonders regiert wurden, bildeten nun doch schon einen integrirenden Theil des markgräflichen und spätern kursächsischen Hauses.

Markgraf Friedrich der Strenge starb 1381 und für die noch unmündigen Söhne Wilhelm und Georg übernahm deren Mutter Katharina die vormundschaftliche Regierung über die Meissnischen und Thüringischen Gebietstheile, während ihr, als einer Fürstin zu Henneberg, die „Pflege Coburg" als Erbland zufiel und als solches ihr bereits im J. 1367 durch Kaiser Karl IV. zugesichert worden war. Katharina's Regierung wurde durch vielfache Unruhen getrübt, welche einige raubsüchtige Grafen anregten, und in den Jahren 1395—1399 hatte das Land durch einen förmlichen Krieg zu leiden, der vom Grafen Heinrich von Schwarzburg unter Beistand des Bischofs Gerhard von Würzburg gegen Katharina geführt wurde. Schon im J. 1397, noch bevor die Streitigkeiten geschlichtet waren, starb die Markgräfin Katharina. Von ihren Söhnen war Georg bereits 1401 bei seinem Aufenthalt in Coburg aus dem Leben geschieden; und die Markgrafen Friedrich und Wilhelm schlossen nun 1402 mit den Grafen von Henneberg eine Art Schutz- und Trutzbündniss. Als Markgraf Wilhelm im J. 1425 starb, fiel sein Landestheil seinem ältern Bruder Friedrich dem Streitbaren zu, der bereits 1423 als sächsischer Herzog die Kurwürde erlangt hatte.

Bei Friedrich's des Streitbaren im J. 1428 erfolgten Tode hinterliess derselbe vier Söhne, deren jüngster bereits nach wenigen Jahren starb, worauf die drei Brüder desselben, Friedrich, Siegismund und Wilhelm eine neue Landestheilung vornahmen, in der Siegismund die „Pflege Coburg" erhielt.

Nachdem Siegismund in ein Kloster gegangen, dann wieder nach Coburg zurückgekehrt war, doch endlich wegen seines Lebenswandels durch seinen Bruder Kurfürst Friedrich (der Sanftmüthige) in Haft gebracht werden musste, war zwischen diesem Letztern und dem dritten Bruder Herzog Wilhelm III. wegen der Coburgischen Lande im J. 1445 ein Vertrag zu Stande gekommen, nach welchem die „Pflege Coburg" nebst Thüringen und dem Osterland dem Herzog Wilhelm zuertheilt wurde. Herzog Wilhelm starb in seiner Residenz Weimar im J. 1482 ohne männlichen Erben, wodurch seine Lande an die Söhne seines bereits früher verstorbenen Bruders, Ernst und Albert, fielen. Diese wurden hierdurch die Stifter der **Sachsen-Ernestinischen** und der **Sachsen-Albertinischen Linie**.

Kurfürst **Ernst** und Herzog **Albert** regierten gemeinschaftlich über sämmtliche Lande des Hauses Sachsen bis zum Jahre 1485. Am 26. August dieses Jahres geschah die wichtige **Ländertheilung**, welche — wie schon 1445 — den ganzen Länderbesitz in eine „**Meissnische**" und eine „**Thüringische Portion**" schied. Kurfürst **Ernst**, der ältere der beiden Brüder, behielt für sich die **Kur**, sowie die **Thüringischen** sammt den dazu gehörigen **Fränkischen Ortslanden** und dem halben Osterlande, **Albert** erhielt den **Meissnischen Antheil** und die andere Hälfte des Osterlandes.

Die ersten Nachfolger aus der **Ernestinischen Linie** waren Kurfürst **Friedrich der Weise** und **Johann der Beständige**, die beiden Söhne des Herzogs Ernst, welcher bereits ein Jahr nach der Theilung, im J. 1486, gestorben war. Die gemeinschaftliche Regierung Beider dauerte bis zum Tode Friedrichs des Weisen im J. 1525; von da ab führte sein Bruder **Johann der Beständige** die Regierung allein bis zu seinem im J. 1532 erfolgten Tode.

Johann der Beständige hinterliess zwei Söhne: Johann Friedrich und Johann Ernst. **Johann Friedrich** (der Grossmüthige), der durch seinen energischen Widerstand gegen Kaiser Karl V. in der Geschichte allbekannte deutsche Fürst, übernahm zunächst mit die vormundschaftliche Regierung für seinen noch unmündigen Bruder Johann Ernst. Johann Friedrich's des Grossmüthigen Regierung ist für die **innere** Entwicklung des Herzogthums besonders bemerkenswerth dadurch, dass dieser Fürst das seit etwa 200 Jahren nicht mehr bestandene Coburger Hofgericht wieder ins Dasein rief und zugleich eine vollständige **Hofgerichtsordnung** einführte, durch welche der weitern Entwicklung der Rechtsverhältnisse eine einigermassen bestimmte Grundlage gegeben wurde.

Mit seiner Volljährigkeit erhielt **Johann Ernst** im J. 1541 das zur „gesammten Pflege Coburg" gehörige Gebiet zuertheilt, und er war der **erste** sächsische Fürst dieses Landes, welcher seine **Residenz** in **Coburg** nahm. Anfangs auf der **Veste** wohnend, erbaute er bald in der Stadt das jetzige Residenzschloss, die **Ehrenburg**, in das er im J. 1549 mit seiner Hofhaltung einzog.

3. Während der Reformationskämpfe bis zur Theilung von 1572.

Das Coburgische Land war unterdessen schon sehr frühzeitig durch die welterschütternde Bewegung der Reformation stark berührt worden. Jm Jahre 1517 hatte **Luther** seine 95 Thesen von Wittenberg aus in die Welt geschleudert und schon im Jahre 1518 nahm in **Coburg** der Rath der Stadt einen eifrigen Anhänger der Lutherischen Lehre, Namens **Balthasar Düring**, zum Pfarrer an, womit für Coburg das Werk der Reformation bereits Boden gewonnen hatte. Jener Pfarrer Düring hatte trotz des Widerspruchs des Bischofs von Würzburg im J. 1528 schon im Lande eine **Kirchenvisitation** ins Leben gerufen und besetzte die Pfarrstellen des Landes mit evangelischen Predigern.

Während der Regierung Johann's des Beständigen, im April d. J. 1530, kam **Martin Luther** nach Coburg und wohnte auf der Veste, erhielt auch bereits im September des genannten Jahres daselbst den Besuch Johann Friedrich's. Während des Reichstags zu Augsburg blieb Luther auf der Veste Coburg und entwickelte daselbst, wie seine dort verfassten zahlreichen polemischen Schriften beweisen, eine grosse Thätigkeit.

Nachdem durch die **Bauernaufstände** schon mehrere Klöster des Landes zerstört oder bedroht worden, liess der Kurfürst in den Jahren 1525 und 26 die Klöster zu Sonnenfeld und zu Königsberg, sowie andere, welche zum Theil schon von den Mönchen und Nonnen verlassen waren, saecularisiren.

Stürmischer wurden die Zeiten mit dem Antritt der Regierung des Kurfürsten **Johann Friedrich**, welcher im November 1532 zu Coburg die Erbhuldigung annahm. Johann Friedrich erliess 1535 eine Verordnung, dass die im Herzogthum Coburg anzustellenden Pfarrer zuvor in **Wittenberg** ordinirt werden sollten. Nachdem des Kurfürsten jüngerer Bruder **Johann Ernst** die Regierung der Pflege Coburg übernommen hatte, stand er dem Kurfürsten Johann Friedrich in dessen Kämpfen gegen Karl V. thatkräftig bei. Er stellte ihm aus dem Coburgischen Lande Hilfstruppen, nämlich 1000 Mann Fussvolk und 102 Reiter. Herzog **Johann Ernst** wurde deshalb gleich seinem wackern Bruder vom Kaiser in die Acht erklärt und nach der Gefangennahme Johann Friedrichs in der Schlacht bei Mühlberg (1547) musste Johann Ernst als Entschädigung für die Kosten der Execution, die dem Markgrafen Albrecht zu Bayreuth durch den Kaiser übertragen worden war, Stadt und Amt Königsberg in Franken demselben überlassen.

Johann Friedrich wurde den 27. August 1552 aus seiner mehrjährigen Gefangenschaft entlassen und besuchte bei seiner Rückkehr nach Sachsen am 7. September 1552 auch Coburg, wo er mit grossen öffentlichen Festlichkeiten empfangen wurde.

Ein halbes Jahr später (den 6. Februar 1553) starb der in Coburg regierende Herzog Johann Ernst, und nun übernahm Johann Friedrich wieder selbst die Regierung auch für die Coburgischen Landestheile. Nach der gegen den Kurfürsten erlassenen Achtserklärung hatte jedoch der Herzog Moritz von Sachsen, aus der Albertinischen Linie und Enkel des Stifters derselben, Besitz von den Kursächsischen Landen genommen. Zur Herstellung eines Vergleiches hatte er im J. 1553 Abgesandte nach Coburg geschickt, verlor aber, noch ehe der Vergleich zu Stande kam, in der Schlacht das Leben, und die dem Kurfürsten Johann Friedrich geraubten Lande sollten nun dem Herzog August von Sachsen, Bruder des Moritz, laut der Wittenbergischen Capitulation zufallen. Nach mehrfachen Verhandlungen kam endlich der Naumburger Vertrag (24. Februar 1554) zu Stande, in welchem auf's Neue die Besitzverhältnisse zwischen den Albertinischen und Ernestinischen Häusern geregelt wurden.

Aber auch Johann Friedrich starb bereits einige Tage nach Abschluss des Vertrags, und der Besitz der durch denselben nur zum Theil (mit Verlust der Kur) wiedergewonnenen Lande ging nun auf dessen drei Söhne, Johann Friedrich der Mittlere, Johann Wilhelm und Johann Friedrich der Jüngere, über. Eine wesentliche Bereicherung des geschmälerten Länderbesitzes erhielten die Brüder zunächst durch einen mit den Grafen von Henneberg 1554 zu Kahla abgeschlossenen Vertrag, durch welchen nach dem voraussichtlichen Aussterben des Hennebergischen Mannesstammes dessen Lande den sächsischen Herzögen zufallen sollten.

Die vielfachen Missstände, welche durch die gemeinschaftliche Regierung der Brüder veranlasst wurden, führten endlich zu einem neuen Abkommen, nach welchem dem Herzog **Joh. Friedrich dem Mittlern** die alleinige Herrschaft übertragen wurde. Dieser Vertrag ward zunächst auf vier Jahre (vom Jahre 1557 an) festgesetzt, wurde nach Ablauf dieser Zeit auf nochmals vier Jahre verlängert, und nach erfolgtem Tode des jüngsten der drei Brüder (1565) kam eine sogenannte „**Mutschierung**" zu Stande, durch welche die ganzen Landesgebiete in die „**Weimarische und Coburgische Portion**" getheilt wurden. Während **Joh. Friedrich der Mittlere** den ersten Landestheil für sich in Anspruch nahm, zog **Johann Wilhelm** am 5. April 1566 als **Herzog in Coburg** ein.

Schon vorher hatte **Joh. Friedrich der Mittlere** sich an den bekannten **Grumbachischen Händeln** stark betheiligt. Wilhelm v. Grumbach, ein fränkischer Edelmann, war in Folge seiner Fehden mit den Bischöfen zu Bamberg und Würzburg durch Kaiser Karl V. in die Acht erklärt worden. Nachdem Grumbach sich mit den fränkischen Edeln verbunden hatte, fand er auch bei **Joh. Friedrich dem Mittlern**, der sich wohl mit der Hoffnung schmeichelte, die seinem Vater verloren gegangene Kurwürde wieder zu erlangen, Unterstützung. Es kam endlich nach vielfachen Streitigkeiten dahin, dass auch der Herzog **Johann Friedrich der Mittlere** Ende des J. 1566, also bald nach der Besitznahme seines Weimarisch-Gothaischen Antheils, in die **Reichs-Acht** erklärt wurde. Die Vollziehung derselben ward dem sächsischen **Kurfürsten August** übertragen, welcher in Folge dessen **Gotha** nach 15wöchentlicher Belagerung einnahm und besetzte, und den Herzog gefangen nahm. Dieses für Grumbach und seinen fürstlichen Beschützer so unglückliche Ende des Kampfes wurde hauptsächlich dadurch herbeigeführt, dass Bürgerschaft und Besatzung Gotha's selbst einen Aufstand erregten und Grumbach nebst seinen Anhängern gefangen nahmen. Grumbach wurde geviertheilt, der Herzog **Johann Friedrich** in entehrendster Weise nach Dresden und von dort nach **Wien** gebracht und zu ewigem Gefängniss verurtheilt, in welchem er erst im J. 1595 starb. Sein Leichnam wurde nach Coburg gebracht und daselbst in der Morizkirche beigesetzt.

Durch die Acht und Gefangennahme **Joh. Friedrich des Mittlern** kam dessen Bruder **Joh. Wilhelm** zu Coburg in den alleinigen Besitz aller Lande des Ernestinischen Hauses. Doch erwirkte es dieser Fürst beim Kaiser, dass den Söhnen seines unglücklichen Bruders nach Eintritt ihrer Volljährigkeit die ihnen zukommenden Landestheile wieder zurückerstattet wurden, und in der bedeutungsvollen Theilung vom 6. November 1572 verblieb dem Herzog Johann Wilhelm der Weimarische Antheil, während den Söhnen seines gefangenen Bruders, den jungen Herzögen Johann Casimir und Johann Ernst der Coburgische Antheil zufiel. Dieser Coburgische Besitz bestand nunmehr nicht nur aus der alten „Pflege Coburg", sondern ausserdem noch aus den Hennebergischen Aemtern und Städten Volkenroda, Kreinberg, Gerstungen, Breitenbach, Trefurth, Kreutzburg, Eisenach, Tenneberg, Gotha etc.

4. Von Johann Casimir bis zum Anfall an Altenburg.

Herzog Johann Casimir trat die Regierung erst mit seiner Volljährigkeit im J. 1586, und zwar für sich und für seinen damals noch unmündigen Bruder an, und setzte in Folge besonderer Uebereinkunft noch mehrere Jahre diese Alleinherrschaft fort, bis erst 1596 eine förmliche Theilung für beide Brüder stattfand, welche dem Herzog Johann Ernst die Städte und Aemter Eisenach, Salzungen, Gerstungen etc. als besonderes Fürstenthum zusprach, während Johann Casimir die ganze Pflege Coburg, sowie die Thüringischen Aemter Gotha, Tenneberg und Trefurth behielt.

Die alleinige Regierung Herzog Johann Casimirs, welche seit dieser Theilung bis 1633 währte, umfasst einen wichtigen Abschnitt der Geschichte Coburgs. Herzog Casimir wies die Uebergriffe der fränkischen Ritterschaft gegen seine Landeshoheit nachdrücklich zurück, befestigte das Ansehen des Herzogthums gegen seine Nachbarn, verbesserte die Landesgesetze (namentlich durch den sogenannten Casimirianischen Abschied vom J. 1612) und gründete viele gemeinnützige Institute, unter denen besonders das noch jetzt bestehende Gymnasium Casimirianum, dessen Bau 1604 vollendet wurde, den ersten Platz einnimmt.

Von zwar nicht historischer Bedeutung, aber doch von lokalem und culturhistorischem Interesse ist das Schicksal der Gemahlin Herzogs Casimir, der leichtsinnigen und unglücklichen Herzogin Anna. Dieselbe war eine Tochter des

Kurfürsten von Sachsen und seit 1586 mit Casimir vermählt. An dem luxuriösen kurfürstlichen Hof erzogen, war sie von besonders lebhaftem Temperament und leichtsinnig genug, den Machinationen eines kecken Betrügers willig sich preiszugeben. Dieser Betrüger war ein italienischer Abenteurer Namens Scotus, der durch verschiedene Taschenspielerkünste und Gaukeleien sich in den Ruf eines Wundermannes gebracht hatte und als solcher auch am Hofe Casimirs viele Personen zu täuschen und ihr Vertrauen zu missbrauchen verstand. Der jungen Fürstin wusste er vorzuspiegeln, dass sie durch ihn fruchtbar werden würde, wenn sie sich ihm ganz überlassen wolle. Nachdem dies geschehen war, und Scotus im Begriff stand, Coburg zu verlassen, wusste er den Hofjunker und Vicemarschall Ulrich v. Lichtenstein zu bereden, an seiner Statt das sträfliche Verhältniss mit der Herzogin Anna fortzusetzen, worauf denn auch der Unglückliche, durch das Entgegenkommen der schönen Fürstin ermuntert, einging. Die sträfliche Verbindung wurde entdeckt, und sowohl der Junker v. Lichtenstein als auch die Herzogin, welche Alles eingestand, wurden im October 1593 gefänglich eingezogen. Herzog Casimir veranlasste mittelst Urtheilsspruch, den das Consistorium abgab, zunächst die Ehescheidung. Die Herzogin Anna ward zuerst nach Eisenach gebracht, wo sie ein paar Jahre in einsamer Gefangenschaft verlebte; dann kam sie 1596 nach dem Schlosse Callenberg und gleich darauf ins Kloster Sonnefeld. Es wurde jedoch entdeckt, dass eine fürstliche Person den Plan hege, die Gefangene daselbst zu entführen, und so liess der Herzog sie zu grösserer Sicherheit auf die Veste Coburg bringen, wo sie endlich zu Anfang des Jahres 1613 starb. Härteres Schicksal noch hatte der Geliebte der Fürstin, Ulrich von Lichtenstein, zu erleiden. Derselbe wurde zu ewigem Gefängniss verurtheilt und verbüsste seine Strafe in einem Thurme vor der Stadt, in welchem er erst im J. 1633 (also nach vollen vierzig Jahren Gefangenschaft!) starb.*)

Ausser dem Gymnasium schuf Herzog Casimir noch mehrere andere hervorragende Gebäude der Stadt, so das Regierungsgebäude und das Zeughaus. Auch die alte Veste

---

*) Der vor dem Ketschenthor gelegene alte Thurm, beim Volke allgemein als der Lichtenstein'sche Thurm bekannt, stand noch bis zum J. 1864, und wurde dann beim Baue eines Privathauses theils ganz weggeräumt, theils überbaut.

liess er erweitern und zum Kriegsdienst verstärken und zu dem Residenzschlosse in der Stadt fügte er mehrere ganz neue Theile.

Aber diesen vielen Werken des Friedens folgte bald der Kanonendonner, der die schrecklichen Zeiten des **dreissigjährigen Krieges** introducirte, dessen erste Periode noch in Herzog Casimirs Regierungszeit fiel. Der Herzog hatte zwar, gleich seinem Bruder **Johann Ernst** zu Eisenach, den Beitritt zur evangelischen Union (1619) abgelehnt, und hatte dadurch für den Anfang wenigstens bei den ausbrechenden Feindseligkeiten seinem Lande einige Vortheile verschafft. Aber diese Neutralität konnte der Natur der Verhältnisse nach nicht lange erhalten werden. Das Protectorium des Kaisers, welches Coburg gegen alle Kriegspressuren schützen sollte, nützte ihm wenig, und das Land konnte sich damit nicht von den Drangsalen der Truppendurchzüge und Einquartierungen freihalten. Das im J. 1629 erlassene freche **Restitutionsedikt** des Kaisers Ferdinand, durch welches alle eingezogenen Kirchen- und Klostergüter den Katholiken zurückerstattet werden sollten, nöthigte die protestantischen Fürsten zum Widerstand und auch Johann Casimir fand sich zu dem von Kurfürst Johann Georg nach Leipzig ausgeschriebenen Convent am 28. Februar 1631 daselbst ein, und unterzeichnete den gemeinsamen Beschluss, durch welchen der Ausführung des Restitutionsedictes entschiedener Widerstand entgegengesetzt werden sollte.

Gegen Ende September des J. 1632 waren etwa 40,000 Mann Wallensteinischer und Bayrischer Truppen nach **Bamberg** gezogen, von wo aus der Herzog von Friedland 8000 Mann nach Coburg sandte. Diese Truppen nahmen am 28. September ihr Hauptquartier bei Ketschendorf und überfielen von hier aus die Stadt **Coburg**, welche nach mehrfachen vergeblichen Unterhandlungen den Feind bei sich musste einziehen lassen. Dagegen hatte der **schwedische** Oberst **Taubadel**, der einige Tage vorher eingerückt war, auf der **Veste** Position genommen. Nach vergeblichen Versuchen des kaiserlichen Befehlshabers, die Schweden zur Uebergabe der Festung zu bewegen, wurde dieselbe von Wallenstein förmlich belagert, aber der Sturm wurde siegreich abgeschlagen. Als auch Herzog Bernhard von Weimar von Schweinfurt heranrückte, zogen die kaiserlichen Truppen eiligst ab, doch schleppte Wallenstein noch mehrere angesehene Coburger Bürger als Geiseln für die der Stadt abgeforderte Contribution mit sich fort.

Herzog Casimir, der schon am 22. September beim Nahen der kaiserlichen Truppen mit seinem Hofstaat nach Römhild geflüchtet war, kehrte nach Abzug der Truppen nunmehr wieder in seine Residenz zurück. Während der für Coburg jedoch immer bedrohlicher sich gestaltenden Kriegsereignisse **starb der Herzog Johann Casimir am 16. Juli 1633** in seinem 69. Lebensjahre.

Da Johann Casimir keine Kinder hinterliess, so fiel nun mit seinem Tode das Herzogthum Coburg (mit den dazu gehörigen Thüringischen Landestheilen) wieder an seinen Bruder **Johann Ernst** zu Eisenach zurück. Bald nach dessen Regierungsantritt hatte das unglückliche Land die ganzen Schrecken des in Deutschland fortwüthenden Krieges zu erdulden. Die Croaten und nicht minder die **Cronacher** hausten im Land auf unbeschreiblich barbarische Weise. Mehrere Städte, Eisfeld, Rodach, Heldburg und Ummerstadt, sowie zahlreiche Dörfer, darunter Ketschendorf, Ahorn, Füllbach u. s. w., wurden von den mord- und beutegierigen Horden zerstört und geplündert und die Einwohner zum Theil niedergemacht.

Gegen Ende des Jahres 1634 kam wiederum der kaiserliche General **Lamboy** in Coburg an und brandschatzte die Stadt auf's grausamste. Die Festung hatte hierauf eine neue und zwar **viermonatliche** Belagerung auszuhalten und wurde endlich nach abgeschlossener Capitulation vom (sächsischen) Festungscommandanten den Kaiserlichen übergeben.

Auch der bereits 72jährige Herzog **Johann Ernst** starb noch während der Kriegsereignisse im J. 1638 und da er keine Kinder hinterliess, so fielen beide Fürstenthümer, **Eisenach und Coburg,** an die Ernestinische Hauptlinie der fürstlichen Häuser **Weimar und Altenburg,** welches letztere sich im J. 1603 von Weimar abgezweigt hatte.

5. Bis zur Vereinigung Coburgs mit Saalfeld.

Leider machte dieser neue Uebergang — indem auf Weimar $2/3$, auf Altenburg aber nur $1/3$ der beiden Fürstenthümer Eisenach und Coburg fallen sollten — eine abermalige **Theilung des Coburgischen Landes**, wie dasselbe unter der Regierung der beiden letzten Herzöge bestand, nothwendig. In der erst im J. 1640 erfolgten faktischen Theilung erhielt das Altenburgische Haus vom Coburgischen Lande die Aemter und Städte Coburg, Rodach, Römhild, Hildburghausen, Schalkau, Sonneberg, sowie die Klosterämter Sonnefeld und Mönchröden, die andern Theile des damaligen Coburgischen Gebietes, Heldburg, Ummerstadt, Eisfeld und Veilsdorf, kamen an Weimar.

Obwohl die genannten Haupttheile des bisherigen Coburgischen Landes unter der Regierung des Herzogs von Altenburg, Friedrich Wilhelm III., gewissermassen als besonderes Herzogthum betrachtet wurden, so war doch ganz besonders die Aufhebung des bisherigen Coburgischen Hofgerichts sowie des Schöppenstuhls für Coburg ein empfindlicher Verlust und alle Klagen und Forderungen, welche darüber die Stände an den Herzog richteten, blieben fruchtlos. Die weitere Entwicklung des Herzogthums, wie solche namentlich unter den letzten beiden Herzögen, Johann Casimir und Johann Ernst, so hoffnungsvoll begonnen hatte, blieb mit dieser für das Land in höchstem Masse betrübenden Wendung zu seinem dauernden Nachtheil unterbrochen.

Der Herzog von Altenburg nahm von Zeit zu Zeit zur Abwechslung seine Residenz in Coburg, so im Winter des J. 1645 und mehrmals in darauf folgenden Jahren. Friedrich Wilhelm III. von Altenburg starb 1668 und auch sein Nachfolger, der noch sehr jugendliche Friedrich Wilhelm IV. kam nicht einmal zur faktischen Regierung, da er schon 1672, noch während der Regentschaft seiner Vormünder, gleichfalls starb, wodurch der Altenburgische Mannesstamm erlosch. Hiermit trat nun schon wieder eine ganz neue Theilung der Ernestinisch-Sächsischen Länder ein. Schon im J. 1641 hatte Herzog Ernst (der Fromme), der jüngste der Weimarischen Brüder, das Herzogthum Gotha begründet, und nach dem Tode des letzten Altenburgischen Herzogs fielen ihm nicht nur die ganzen Gebiete der Altenburgischen und Coburgischen Lande zu, sondern ausserdem auch noch das Stift Saalfeld sowie auch die schon 1660 an Altenburg gekommenen ehemals Hennebergischen Aemter Themar und Meiningen. Der ganze Ländercomplex dieses so schnell angewachsenen Fürstenthums umfasste 115 Quadratmeilen, während das heutige

Coburg-Gotha nur einen Umfang von 35 Quadratmeilen hat. Dadurch waren nun zwar auch die durch die Theilung von 1640 getrennten Theile des ehemaligen Coburgischen Landes wiedervereinigt worden. Aber auch diese Combination des Gothaischen Fürstenthums war leider nur von kurzer Dauer und die schlimmste und allergründlichste Länderzerstückelung stand noch bevor.

Herzog **Ernst der Fromme** starb 1675 und hinterliess **sieben Söhne**, welche nun sämmtlich an dem Besitz des Landes Theil hatten. Nach dem im sächsisch-ernestinischen Hause schon früher eingeführten Gesetz der **Seniorate** (das Gesetz der Primogenitur hatte sich noch nicht Geltung verschaffen können) übernahm allerdings zunächst der älteste der Söhne Ernst's des Frommen, Herzog **Friedrich I.**, im J. 1675 für sich und seine Brüder die Regierung der ganzen Lande; aber die verschiedenen Wohnorte der an dem Besitze theilhabenden Brüder, die Fragen wegen der Hoheitsrechte, der Einkünfte etc. führten so vielerlei Misshelligkeiten herbei, dass im J. 1681 Verträge zu Stande kamen, nach welchen das ganze Fürstenthum Gotha wiederum folgendermassen **siebenfach getheilt** wurde: **Friedrich I.** erhielt **Gotha** und **Altenburg**, sein nächster Bruder **Albrecht** die Haupttheile des frühern **Coburger** Landes, und der dritte Bruder, **Bernhard**, erhielt **Meiningen**. Für die vier jüngern Brüder erstanden noch die Nebenlinien: **Römhild** (für Heinrich), **Eisenberg** (für Christian), **Hildburghausen** (für Ernst) und **Saalfeld** (für Johann Ernst).

Unter des Herzog Albrechts Regierung, 1675 — 1699, bestand das **Coburgische** Fürstenthum aus den Aemtern **Coburg, Rodach, Neustadt, Sonneberg, Mönchröden, Sonnefeld und Neuhaus**. Aber auch dieser Fürst hinterliess keine Nachkommen und nun wurde das Herzogthum Coburg wieder der Art getheilt, dass die Städte und Aemter **Coburg, Rodach, Neustadt und Mönchröden** an das Herzogthum **Saalfeld** fielen, in welchem **Johann Ernst**, der jüngste der Söhne Ernsts des Frommen, regierte, während das Amt **Sonnefeld** an Hildburghausen, die Stadt **Sonneberg** an **Meiningen** kam. Aber jene Erbfolgeangelegenheit hatte unter den damaligen sechs Häusern (Gotha, Meiningen, Eisenberg, Römhild, Hildburghausen und Saalfeld) heftige und lange währende Streitigkeiten herbeigeführt, die dadurch noch verwickelter wurden, dass unterdess auch die zwei Linien Eisenberg und Römhild wieder ausstarben. So kam es, dass die eigentliche wirkliche Besitznahme der an Saalfeld und Meiningen gekommenen Coburgischen Landestheile erst 1735 stattfinden konnte, und zwar noch unter vielfach wiederholten Protesten und Verwahrungen Meiningens.

C. Von 1735 bis zur Gegenwart.

Herzog Johann Ernst zu Saalfeld war unterdessen im J. 1729 bereits gestorben und seine Söhne Christian Ernst und Franz Josias übernahmen nun die Regierung als Herzöge von Coburg-Saalfeld. Herzog Christian Ernst, aus erster Ehe des verstorbenen Herzogs, blieb in Saalfeld, während Franz Josias seine Residenz in Coburg nahm.

Die gemeinschaftliche Regierung beider Fürsten währte von 1735 bis 1745, in welchem Jahre Christian Ernst starb, worauf nun Franz Josias die alleinige Regierung des Herzogthums Coburg-Saalfeld übernahm. Einer der ersten Regierungsakte desselben war die Einführung eines neuen Hausgesetzes, in welchem endlich auch das Erstgeburtsrecht für die künftige Thronfolge aufgestellt wurde. Der jüngste Sohn des Herzogs, Friedrich Josias, erwarb sich den Ruhm eines ausgezeichneten Feldherrn. Er kämpfte während des siebenjährigen Kriegs im österreichischen Heere und machte sich später namentlich in dem Kriege gegen die Türken einen bedeutenden militärischen Ruf. Für den im J. 1792 ausbrechenden Krieg mit der französischen Republik ward Prinz Josias zum Oberbefehlshaber der deutschen Reichsarmee ernannt. 1794 nach Coburg zurükgekehrt, starb er daselbst im J. 1815 in hohem Alter.

Der regierende Herzog Franz Josias starb 1764 auf seinem Jagdschlosse zu Rodach und nach der Primogenitur-Constitution von 1745 übernahm nunmehr sein ältester Sohn Ernst Friedrich die Regierung, aus welcher — ausser seinen Rechtshändeln wegen der Allodial-Erbschaft des Fürsten Heinrich von Schwarzburg-Sondershausen — nichts sonderlich Bemerkenswerthes zu berichten ist. Ihm folgte 1799 sein Sohn Herzog Franz, dessen Regierung namentlich durch die innere Politik des Landes vielfache Bewegung und Misshelligkeiten herbeifürte. Den Anlass dazu gab die Berufung des preussischen Kammerdirektors zu Bayreuth von Kretschmann zum coburgischen dirigirenden Minister. Die arge Verschuldung des Coburg. Fürstenhauses machte dem Herzog eine durchgreifende Reform der Finanzverhältnisse sehr wünschenswerth. Die Reformen begannen mit der Entfernung der kaiserlichen Debit- und Administrations-Commission und wurden durch den von Kretschmann ausgearbeiteten Schuldentilgungsplan weiter ausgeführt. Aber die Willkür, welche der nun unumschränkt herrschende Minister in den Finanzangelegenheiten übte, machte diesen sonst begabten Staatsmann bald dem Lande äusserst verhasst, und das Verhältniss zwischen Fürst und Volk wurde durch die entstandenen Differenzen sehr getrübt. Es kam dahin, dass die Bürger Coburgs beim Herzog durch eine Deputation die Entfernung des Ministers erbaten, worauf dieser jedoch beim Kurfürsten von Sachsen militärische Hilfe in Anspruch nahm gegen vermeintliche Ruhestörungen. Auf alle gegen Kretschmann erhobenen Anschuldigungen, und nach Prüfung derselben durch eine Commission, fand der Herzog sich veranlasst, den missliebigen Minister durch eine für ihn ehrenvolle ihm ausgestellte Urkunde ausdrücklich zu rechtfertigen. Der bis dahin ungewohnte Glanz, mit welchem Kretschmann seine Person umgab, mag nicht wenig zu dem Hasse beigetragen haben, den dieser verwegene Finanzkünstler durch sein anspruchsvolles und rücksichtsloses Verfahren sich zuzog. Im Uebrigen werden ihm manche Verdienste in der Organisation mehrerer Verwaltungszweige zugestanden. Auch wurde durch ihn mit Gotha und Altenburg der Vertrag zu Stande gebracht, der den Saalfeldischen Landestheil des Coburg-Saalfeldischen Herzogthums endlich von dem bis dahin noch bestandenen Gothaischen Hoheitsnexus befreite. Gleichzeitig hatte Coburg-Saalfeld mit Gotha einen für Coburg vortheilhaften Länderaustausch herbeigeführt, durch welchen Coburg für seinen an Gotha überlassenen Antheil am Amte Römhild dessen Theile am Amte Themar gewann.

Mittlerweile war zwischen Preussen und Frankreich der Krieg ausgebrochen und die Durchzüge französischer Heeresabtheilungen, sowie Lieferungspressuren und dergl. brachten auch dem Coburgischen Lande die empfindlichsten Nachtheile. Herzog Franz starb am 9. Dezember 1806 und wenige Tage darauf wurde durch den Posener Friedensschluss gleich den andern sächsischen Herzogthümern, auch Coburg-Saalfeld in den schmachvollen Rheinbund gezwängt.

Durch den Umstand aber, dass Herzog **Ernst I.** sich zum **preussischen** Heere begeben hatte und während des Friedensschlusses sich im preussischen Lager befand, fand Kaiser Napoleon sich veranlasst, mittelst Patents vom 27. Januar 1807 **Coburg zu sequestriren.** Doch noch in demselben Jahre, nach dem Tilsiter Friedensschluss wurde die französische Administration für Coburg wieder aufgehoben und der Herzog **Ernst I.** kehrte nun (28. Juli 1807) als regierender Herr in sein Fürstenthum zurück. Den Winter über, vom September 1807 bis März 1808 war der Herzog in **Paris**; nach seiner Rückkehr und der während des Aufenthaltes in Paris erfolgten Entlassung des Ministers v. Kretschmann wurde für Coburg eine collegialische Verfassung hergestellt und ein Landesministerium unter dem Vorsitze des Regenten zur Leitung der Staatsgeschäfte organisirt. Nach der Schlacht bei Leipzig 1813 trat Herzog Ernst dem deutschen Bunde wieder bei, war aber auch unter jenen deutschen Fürsten, welche eifrigst dagegen protestirten, dass das mit Frankreich verbündet gewesene Königreich Sachsen als erobertes Land der Krone Preussen zugeschlagen werde. Auch der Herzog von Coburg hatte durch seine Theilnahme am Kriege jenseits des Rheins ein Stück Land erworben, welches, nach dem darin gelegenen alten Schlosse benannt, als Fürstenthum **Lichtenberg** constituirt ward. Es gelang ihm, dasselbe im J. 1834 für zwei Millionen Thaler an Preussen zu verkaufen, wofür er Güter im Preussischen und Gothaischen erwarb. Eine **ständische Verfassung** war dem Lande schon 1816 versprochen worden, kam aber erst nach Beseitigung vielfacher Hindernisse im J. 1821 zur Ausführung. Nach dem am 8. August publicirten Gesetz bildeten die früher nur **persönlich** unter einem Regenten verbunden gewesenen Lande **Coburg** und **Saalfeld** nunmehr **einen** deutschen Bundesstaat,

Aber schon kurze Zeit darauf trat ein Ereigniss ein, welches dies mühsam befestigte Band wiederum löste und ganz neue politische Verhältnisse des Landes herbeiführte. Herzog **August**, welcher seit 1804 als Herzog von **Gotha-Altenburg** regierte, starb unvermuthet im J. 1822 den 17. Mai, ohne Kinder zu hinterlassen. Das Land fiel seinem Bruder, dem geistesschwachen und kränklichen Herzog **Friedrich IV.** zu, und als auch dieser am 11. Februar

1825 ohne Nachkommen starb, war mit ihm die fürstliche Gotha-Altenburgische Linie erloschen. An der Gothaischen Erbschaft participirten nun die fürstlichen Häuser von Meiningen und Coburg. Ersterem war vor Allem daran gelegen, einen Theil der Coburgisch-Saalfeldischen Lande zu erlangen, und dafür lieber auf den Gotha-Altenburgischen Landesantheil zu verzichten. Die Bemühungen Meiningens waren auch von Erfolg gekrönt und die Theilung geschah nach dem zu Hildburghausen am 12. November 1826 geschlossenen Vertrage der Art, dass Coburg an Meiningen das Saalfeldische Gebiet nebst dem Amte Themar sowie einige an das Meininger Oberland (Sonneberg etc.) grenzende Orte am linken Steinachufer abtrat, dagegen für sich erwarb: das Herzogthum Gotha, die beiden bisherigen Hildburghäuser Aemter Sonnefeld und Königsberg, wie auch die auf Coburgischem Gebiete gelegenen Meiningenschen Kammergüter Callenberg und Gauerstadt.

In solcher Gestalt besteht die Personal-Union zwischen Coburg und Gotha auch gegenwärtig noch unter der Regierung des Herzogs Ernst II. von Coburg-Gotha. Der gegenwärtige Landesherr folgte seinem Vater in der Regierung der vereinigten Lande nach dessen am 29. Januar 1844 erfolgten Tode. Unter den bemerkenswerthesten Regierungshandlungen des Hezogs ist die Reorganisation der ständischen Verfassung (durch das Gesetz vom Jahre 1846 und später) sowie die im J. 1861 mit Preussen abgeschlossene Militär-Convention zu nennen. Durch den jüngern Sohn des Herzogs Ernst I., den seit 1840 mit der Königin Victoria von England vermählt gewesenen, im J. 1861 verstorbenen und tief betrauerten Prinzen Albert, war das Coburgische Fürstenhaus in nahe verwandschaftliche Beziehungen zum englischen Hofe getreten. Da die Ehe des gegenwärtig regierenden Herzogs von Coburg (seit 1842 mit der Prinzessin Alexandrine von Baden vermählt) bisher kinderlos blieb, so ist der präsumtive Nachfolger im Herzogthum Coburg-Gotha der zweite Sohn des Prinzen Albert und der Königin von England, Prinz Alfred, zu dessen und seiner jüngern Brüder Gunsten der englische Thronfolger Prinz Albert Eduard in einer zu Windsor-Castle im J. 1863 verfassten Urkunde ausdrücklich auf jedes Erbfolgerecht in den Herzogthümern Coburg und Gotha verzichtet hat.

II. Statistische und andere Mittheilungen.

Bevölkerung. Eisenbahn. Behörden. Gemeinnützige Institute. Vereine.
Theater und öffentliche Anstalten. Hôtels u. s. w.

a. Das *Herzogthum Coburg*, seit 1826 mit dem Herzogthum *Gotha* durch *Personal-Union* verbunden, ist im Süden von Baiern, im Osten, Norden und Westen von Meiningen umschlossen, und hat einen Flächenraum von 10 Quadratmeilen mit einer Bevölkerung von 48,078 Seelen*); darunter sind nur etwa 600 Katholiken, sowie etwa 30 Einwohner deutsch-katholischen Bekenntnisses und nur etwa 50 Juden; sonst ist die ganze Einwohnerschaft des Coburgischen Landes *protestantisch*.

Von der Gesammtbevölkerung des Landes (nach letzter Zählung von 1864) kommen 2,468 Einwohner auf den als Enclave im Baierischen gelegenen *Justizamtsbezirk Königsberg*. Zum *Landrathsamtsbezirk Coburg* gehören die Landbezirke Coburg, Neustadt, Rodach und Sonnefeld.

Von den Städten des Herzogthums zählt die Residenzstadt *Coburg*   10,890 Einwohner
Neustadt   2,861   „
Rodach   1,781   „
Königsberg   1,034   „

Ausser den vier Städten zählt das Herzogthum 5 *Marktflecken* (Hofstetten mit Sonnefeld: ca. 1000 Einw., Meeder: ca. 700 Einw., Gauerstadt: über 500 Einw., Gestungs-

---

*) Das Herzogthum Gotha hat auf beinahe 26 Quadratmeilen eine Bevölkerung von circa 114,000 Seelen in 5 Städten, 9 Marktflecken, 146 Dörfern und 18 einzeln gelegenen Schlössern, Gütern u. dgl. — Die Stadt Gotha hat nach der letzten Zählung (von 1864) 17,955 Einwohner.

hausen mit Firmelsdorf: ca. 480 Einw., Rossach ca. 400 Einw., ferner 137 Dörfer, 28 Weiler, 1 Festung, 12 Schlösser, 53 einzeln gelegene Höfe, Mühlen, Fabrik-Etablissements u. s. w.

b. Eisenbahn.

Coburg ist durch die **Werra-Eisenbahn** nach Norden mit der **Thüringischen** (Eisenach — Leipzig — Kassel — Frankfurt) nach Süden mit der **Baierischen Staats-Eisenbahn** (Hof — Bamberg — München — Frankfurt etc.) verbunden; ausserdem führt von **Coburg** eine Zweigbahn in dreiviertelstündiger Fahrzeit nach der Meiningenschen Fabrikstadt **Sonneberg** (über die Coburgischen Orte Oeslau, Mönchröden, Neustadt).

Auf der **Werra-Eisenbahn** gelangt man
von Coburg nach **Eisenach** in $3\frac{1}{2}$ Stunden
„ „ Salzungen „ 3 „
„ „ Meiningen „ 2 „
„ „ Hildburghausen „ 1 Stunde
„ „ Lichtenfels „ $\frac{1}{2}$ „

In der Richtung nach **Eisenach** gehen zweimal des Tags Personenzüge, Morgens früh und Nachmittags; nach **Lichtenfels** ebenfalls zweimal, Vormittags und Abends.*)

Die **Anschlüsse** in Eisenach und in Lichtenfels könnten meist günstiger sein. Ueber Eisenach gelangt man von Coburg
nach Leipzig in 10 Stunden
„ Berlin in $13\frac{3}{4}$ „
„ Kassel in $9\frac{1}{2}$ „

Ueber **Lichtenfels** gelangt man von Coburg
nach Bamberg in 3 resp. $3\frac{1}{2}$ Stunden
„ Nürnberg in 5 resp. 6 „
„ München in $10\frac{1}{4}$ resp. $14\frac{1}{3}$ „

Der **Eisenbahnhof** von Coburg befindet sich ausserhalb der Stadt, vom Mittelpunkt derselben jedoch nur $\frac{1}{4}$ Stunde entfernt; nach der Stadt gelangt man vom Bahnhof entweder durch die demselben gegenüber mündende neue Eisenbahnstrasse, oder weiter den Schienenweg entlang bis zur Judenbrücke.

c. Behörden, Herzogliche und städtische Aemter.

Das Herzogliche **Post-Amt** (Thurn und Taxis) befindet sich am Steinweg, gleich links vor dem Spitalthor und ist von 7 Uhr früh bis 7 Uhr Abends geöffnet. **Brief-Kasten** sind ausser am Postgebäude auch mehrere in der Stadt: am Markt (neben dem Rathhaus), am Judenthurm, am Ketschenthor, Steinthor etc.

Das Herzogliche **Staatsministerium** befindet sich vor dem Ketschenthor in den Räumen des ehemaligen Augustenstifts.

Das **Staatstelegraphenamt** ist im Ministerialgebäude vor dem Ketschenthor.

Die **Magistratur**, das **Polizeibureau**, die **Kämmerei** etc. befinden sich im Rathhaus auf dem Markt.

---

*) Wegen der vorkommenden Aenderungen in den Abgangszeiten müssen an dieser Stelle die **allgemeinen** Angaben genügen.

Die **General-Superintendentur** befindet sich in der Pfarrgasse 67, neben der St. Morizkirche.

Das **Landrathsamt** ist im ehemal. Zeughaus in der Herrengasse, nahe am Markt. In demselben Gebäude: die Herzogl. Staats- und General-Casse, das herzogl. Domänen-Amt.

Das Herzogl. **Kreisgericht** ist im Regierungsgebäude auf dem Markt (Eingang von der Herrengasse); die öffentlichen Verhandlungen des Geschwornen-Gerichts finden dagegen in dem dafür eingerichteten Saale des Kreisgerichts-Gefängnisses, am Ende der Leopoldstrasse, statt. Im Regierungsgebäude sind ferner die Bureau's der Staatsanwaltschaft, sowie des Herzogl. Justiz-Amts I. u. II.

d. Oeffentliche und gemeinnützige Institute.

Die **Bank**, Coburg-Gothaische Credit-Gesellschaft, hat ihr Geschäftslokal auf dem Markt, Ecke der Judengasse. Das Bureau ist Morgens von 8—12 und Nachmittags von 2—7 Uhr geöffnet, die Casse nur bis 6 Uhr. Ferner bestehn:

Die städtische **Sparkasse** (im Rathhaus), die Creditkasse des Spar- und Hülfs-Vereins (Geschäftsbureau im Postgebäude), der Vorschuss-Verein, der Spar-Verein „Cäcilie", der Alexandrinen-Verein (zur Herstellung billiger Wohnungen).

Lehranstalten sind in der Stadt Coburg: Das Gymnasium, (s. daselbst im III. Abschnitt), die Realschule, die Rathsschule oder Bürgerknabenschule (bereis 1576 als „lateinische Schule" gegründet), Alexandrinenschule (für Mädchen), Bürger-Mädchenschule; ferner eine katholische Schule, die Baugewerk- und die Sonntagsschule, sowie eine Taubstummen-Lehranstalt.

Das allgemeine **Landkrankenhaus**, ein neues stattliches Gebäude am Ausgang der „schwarzen Allee" vom Hofbaumeister Streib erbaut und seit dem 1. Juli 1862 eröffnet. Dasselbe enthält im Ganzen 43 Zimmer für Kranke; für Wohnung und vollständige Verpflegung zahlt man, je nach Unterschied der Kost oder abgesonderter Wohnung, in der I. Klasse pro Tag 1 fl., II. Kl. 36 kr., III. Kl. 24 kr. Billigere Abonnements sind für Dienstboten oder ganze Gemeinden eingerichtet.

Das **Augustenstift** hat zum Zwecke: „die Ausbildung armer Mädchen in allen häuslichen Arbeiten, durch welche sie für ihren dereinstigen Beruf als Dienstboten oder Hausfrauen befähigt und geschickt gemacht werden." Das Institut ist seit 1863 in dem schönen neuen Gebäude in der Eisenbahnstrasse eingerichtet.

Die deutschen **Feuerassecuranz-Gesellschaften** sind in Coburg sämmtlich durch ihre Agenten vertreten; ebenso bestehn mehrere Agenturen für Lebensversicherung und Hagelversicherung.

Die **Gas-Fabrik**, im J. 1854 von einer Actiengesellschaft gegründet, befindet sich vor dem Ketschenthor, am Schiessanger vorbei.

Die **Actien-Bierbrauerei**, hinter der Gasfabrik gleich jenseits der Itzbrücke, ist im J. 1858 ebenfalls als Actien-Unternehmen gegründet worden.

e. Theater. Sammlungen.

Die **Theater-Saison** dauert in Coburg vom Herbst (gewöhnlich Ende August) bis Weihnachten. Mit dem Hofe siedelt dann auch das Theater nach **Gotha** über, von wo es wieder **Mitte April** nach **Coburg** zurückkehrt und die Vorstellungen hier wieder, bis zum Eintritt der Sommerferien, fortsetzt. Das Theater steht unter herzoglicher Verwaltung, erhält jedoch auch vom Staate einen Zuschuss. Vorstellungen sind wöchentlich drei bis vier; Montags und Sonnabends pflegt kein Theater zu sein. Die **Ferien** dauern von Mitte Juni bis bis Ende August. Die **Preise** der Plätze sind im I. Rang 1 fl., II. Rang 36 kr. u. s. w.; im Abonnement billiger.

Die **Herzogliche Bibliothek**, aus mehr als 50,000 Bänden bestehend, befindet sich im ehemaligen Zeughaus, ist jedoch in der Woche nur **eine Stunde**, nämlich am Mittwoch Nachmittag 4—5 Uhr, geöffnet. Die Aufsicht führt Herr Schulrath Dr. Eberhard.

Eine **Kupferstichsammlung** befindet sich auf der Festung unter Aufsicht des Inspector Baurath Rothbart daselbst. Ebenda: **Naturaliensammlung, Waffensammlung** etc. (vergl. den IV. Abschnitt, über die „Veste Coburg.")

f. **Gesellschaftliche Verbindungen. Vereine.**

Die **Freimaurer-Loge** hat ihr Lokal in ihrem eigenen Gebäude in der Theatergasse. In den Räumen des Logengebäudes befinden sich ebenfalls die Lokalitäten der **Casino-Gesellschaft** (Mittwoch, Sonnabend und Sonntag) und der Gesellschaft **Sängerkranz** (Dienstag und Freitag). Die Gesellschaft **Harmonie** versammelt sich im **Kaufmann'schen** Local, die Gesellschaft **Erholung** im Theatergebäude.

Die **Schützengesellschaft** (circa 150 Mitglieder) hat ihren Schiessstand nebst Gesellschaftslokal auf dem Anger vor dem Ketschenthor.

Ausserdem bestehen noch: Ein **Arbeiter-Bildungsverein, Gesellenverein, Turnverein, Turngenossenschaft**, zwei **Stenographenvereine** (nach Gabelsberger'scher Methode), ein **Frauenverein, Bibelverein, Gartenbau-Verein, Kunst- und Gewerbeverein, Landwirthschaftlicher Verein** etc.

g. **Hôtels, Restaurationen, Gewerbliches** etc.

Die **Gasthöfe** in Coburg sind im Allgemeinen von guter Beschaffenheit, so dass sie den Anforderungen der Fremden bei nicht exorbitanten Ansprüchen vollkommen genügen können. In der eigentlichen Reisesaison im Sommer ist Coburg von Fremden so besucht, dass es zu grösserer Sicherheit rathsam ist, Zimmer vorher zu bestellen.

Hôtel Leuthäuser (Wirth: A. Leuthäuser), Gasthof ersten Ranges in der breiten Spitalgasse, ist schön eingerichtet und zeichnet sich durch sehr gute table d'hôte aus. — Ferner sind zu nennen: „**Grüner Baum**" (Wirth: H. Hartdegen), besonders günstige Lage am Markt; und „**Victoria-Hotel**", ehemals „zum Löwen" genannt, am Steinweg (Wirth: F. Prediger); — **Hôtel Bellevue** (Wirth: Grau) ganz neu erbaut und sehr schön eingerichtet, am Salzmarkt, nahe dem Theater mit prächtiger Aussicht auf die Festung; unten grosse Restauration mit Billard. — Gasthaus „**zur goldenen Traube**" (Wirth; Ch. Mönch) in der Judengasse, vielbesucht mit guter und belebter Restauration. — Ferner: Gasthaus „**zum Anker**" in der Rosengasse (Wirth: Lang.)

Die Preise in den genannten Hôtels sind nach den Ansprüchen der Reisenden verschieden, im Allgemeinen dem, was geboten wird, angemessen. (Da bestimmte Preise, gemäss den Angaben in Reisehandbüchern, fast nirgends durchgeführt werden, so erscheint eine genauere Angabe überflüssig.)

Die Hôtels: Leuthäuser, Victoria, Grüner Baum, Bellevue und Traube haben jedes eigenen Wagen am Bahnhof stehn.

Restaurationen, Kaffee- und Bierhäuser: Wein- und Frühstückstube von Herold, im Theatergebäude, Parterre; sehr gute Weine, kalte und warme Küche. — „Bellevue" und „Traube" (beide bereits unter den Hôtels genannt.) — Schaffner, hinter der Mauer, Wein-, Bier- und Restaurationslokal, Billard und Kegelbahn. — Kaufmann, am Steinweg, mit Billard und Kegelbahn. — Ferner: Café Mayer (Actien- und Culmbacher Bier) mit Kegelbahn; Lippold (ehemals Friedebach, schön gelegen, am Festungsberg, mit Kegelbahn; in der Loreley (G. Frommann) Herrengasse, heitere Gesellschaft. — Sehr beliebtes Bier: bei Griebel (Bäcker) am Steinweg; Sturm, im Winter in der Ketschengasse, im Sommer schöner Garten in der Anlage, mit Kegelbahn. — Endlich mögen aus der grossen Zahl von Bierstuben und Wirthschaften noch genannt sein: La Roche, C. und F. Frommann, Flinzberg, Geuss, Lepke, Fenzlein, Marlier, Müller u. s. w.

Die Meisten der hier Genannten brauen ihr eigenes Bier. Andere verzapfen das Bier aus der Actien-Brauerei.

Ausserhalb der Stadt, in einer Entfernung von nicht mehr als einer halben Stunde, sind noch besuchte Kaffee- und Bierwirthschaften: Auf der „Kapelle", nur fünf Minuten vor dem Ketschenthore, herrliche Aussicht auf Stadt und Festung; in den nahe gelegenen Dörfern Wüstenahorn, Ketschendorf, Neuses, sowie auf der Festung (vergl. die genannten Orte im V. Abschnitt).

Conditoreien: Rupprecht, in der Ketschengasse; Diez, Herrengasse; R. Karl, neben Hôtel Bellevue vis à vis dem Theater.

Badeanstalten sind: das städtische Badehaus, auf dem Wege nach Cortendorf; die städtische Schwimmschule an der Judenbrücke.

Apotheken: Heyl, am Markt; Karlstein, in der Spitalgasse.

Bankiers: (Bank S. 21, öffentl. Inst.) J. Simon's Söhne in der Spitalgasse; Schraldt und Hofmann, gleichfalls in der Spitalgasse; Breusing und Comp., in der Ketschengasse.

Buchhandlungen: Meusel'sche Buchhandlung (Judengasse); Riemann'sche Hofbuchhandlung (Steingasse), Riemann jun. (Rosengasse); Verlagsbuchhandlung von Streit.

Buchdruckereien: C. Fr. Dietz, Hofbuchdruckerei (Judengasse;) F. Streit, Johannisgasse.

Lese-Lokale: Ein eigentliches Lese-Cabinet existirt in Coburg nicht; die meisten Blätter werden in den Gesellschaften Casino und Erholung gehalten. Ausserdem sind ausser den Coburgischen Blättern (Coburger Zeitung und Tageblatt), der Dorfzeitung und dem Gothaer Tageblatt einige auswärtige Zeitungen nur in Hôtels und Restaurationen zu finden (bei Leuthäuser: Kölner Zeitung, Frankfurter Journal, Volkszeitung; in Bellevue: Nationalzeitung u. a. m.; bei Schaffner: Weser-Zeitung u. s. w.)

III. Die Stadt Coburg,
ihre Bewohner und bemerkenswerthen Gebäude.

Obwohl Coburg politisch zu *Thüringen* gehört, so ist doch die Bevölkerung *fränkischen* Stammes, und demgemäss finden wir in Coburg fränkische Sitten und Eigenthümlichkeiten mit manchen Gebräuchen der Thüringer vermischt, wie auch hinsichtlich der Sprache in dem Coburgischen Dialekt sowohl baierische wie sächsische Anklänge vernehmbar sind, letztere bei weitem schwächer. Als besonders hervorragende Eigenschaften im Charakter der Coburger müssen Ehrlichkeit, sowie eine gewisse Einfachheit und liebenswürdige Natürlichkeit in den Umgangsformen gerühmt werden; die den Coburgern eigenthümliche Derbheit artet im Allgemeinen keineswegs in Schroffheit aus, sondern bewahrt meist den Charakter einer durchaus gutartigen Geradheit.

Die *Industrie* ist in Coburg in erfreulichem, wenn auch gemessenem Fortschritt begriffen; ein ausgedehnter Industriezweig ist in vielen Ortschaften die Herstellung feiner *Korbwaaren*. Die Stadt Coburg hat drei Baumwollwaarenfabriken, vortreffliche Wagen-, Möbles- und Polsterwaarenfabriken; in dem Städtchen Neustadt ist die Fabrikation von Spielwaaren, in Rodach und Königsberg die Fabrikation von Papiermachéwaaren von Bedeutung. Die *Bierbrauerei* wird in Coburg ausserordentlich stark betrieben; das *Coburger Bier* steht ausserhalb des Landes in gutem Ruf und wird sowohl von der *Actien-Brauerei*, wie von Privatbrauern viel versandt. Die *Actien-Bierbrauerei* producirt jährlich circa 35,000 Eimer, wovon etwa die Hälfte exportirt wird.

Die *Lage der Stadt*, an dem Flüsschen *Itz*, welche sich erst auf baierischem Gebiete in den Main ergiesst, ist durch die sie rings umgebenden grünen Höhen, sowie namentlich durch das Anlehnen derselben an den Festungsberg, eine sehr malerische. In der Physiognomie der Stadt ist gleichfalls der *fränkische* Charakter durchaus vorherrschend. Die Häuser sind meist von alter, aber nur selten von solider Bauart; durch moderne Strassen und Häuser erweitert sich die Stadt namentlich nach nordwestlicher und südlicher Richtung hin; aber trotz der vielen günstigen Verhältnisse Coburgs ist die Zunahme der Bevölkerung eine verhältnissmässig nur geringe, indem seit der vorletzten Volkszählung (1861) bis gegenwärtig die Einwohnerzahl der *Stadt Coburg* von 10,682 auf nur 10,890 gestiegen ist.

Die *hervorragenden Bauwerke* der Stadt sind in ihren Haupttheilen meist aus dem 16. Jahrhundert, und nur wenige derselben sind in ihrem ältern Charakter durch Neubauten umgewandelt worden.

Die Strassen durchschneiden die Stadt in zwei Hauptlinien; die Linie von Nord nach Süd wird gebildet vom Steinweg durch das Spitalthor, die Spitalgasse bis zum Markt, und auf der andern Seite des Marktes (in der Diagonale) die Ketschengasse bis zum Ketschenthor; die zweite Hauptlinie von West nach Ost bei der Judenbrücke beginnend, wird gebildet durch das Judenthor, Judengasse, Markt, Steingasse und Steinthor. Die Stadt ist in *neun Bezirke* eingetheilt in deren jedem die Hausnummer mit 1 wieder beginnt.

Von den öffentlichen Gebäuden mögen hier genannt sein:

Das **Rathhaus,** an dem in der Mitte der Stadt befindlichen *Markt* gelegen. Schon im J. 1438 waren an dieser Seite des Marktes mehrere Häuser zur Erbauung eines *Rathhauses* angekauft worden. Doch wurden die Lokalitäten desselben bald zu klein und es wurde desshalb 1577 noch ein angrenzendes Grundstück acquirirt und das jetzige Gebäude im J. 1579 vollendet. Nach den später (im J. 1598) daran vorgenommenen Neubauten ward in dem obern Stockwerk das Coburgische *Hofgericht* eröffnet. Wesentliche Reparaturen wurden an dem Rathhaus in den Jahren 1750—52 vorgenommen. Gegenwärtig befindet sich in den obern Stockwerken des Gebäudes ausser den Lokalen für die städtischen Behörden, den Polizeibureau's, der Kämmerei, der Sparkasse, den Sälen für die Magistrats- und Stadtverordneten-Sitzungen, auch das Lokal für die öffentlichen Sitzungen des *Landtags*.

In der sogenannten „*Regimentsstube*" befinden sich die

sehr beachtenswerthen *Bildnisse* (über lebensgross in ganzer Figur): des Landgrafen Johann Wilhelm zu Meissen, Landgrafen in Thüringen, des Herzogs Johann Ernst (ersten in Coburg selbst regierenden sächsischen Herzogs), sowie der Herzöge *Johann Casimir* und Johann *Friedrich des Mittleren*. Sehr interessant ist ferner in demselben Saal ein altes Oelbild von nur geringem Umfang, Portrait des Kurfürsten *Johann Friedrich* des Grossmüthigen; auf dem Hintergrund des Bildes befindet sich in alter Schrift der Vers:

    Dyr hat Gots wort mit gfahr bekant,
    Drumb der Keysr ihm nam leut und land.

Im Hofe des Rathhauses wohnte früher der Zolleinnehmer, „welcher auch Bier und Wein verzapfen durfte"; daselbst ist noch bis heute das Bierlokal, der Schlot oder Zollhof genannt, geblieben.*)

Das **Regierungsgebäude,** auf der andern Seite des Marktes — gegenüber dem Rathhause —, ist im gothischen Giebelstyl in den Jahren 1598—1601 erbaut worden. Die drei stattlichen Giebel des Gebäudes sind mit Statuen römischer Kaiser und Redner geschmückt. Das Regierungsgebäude wurde bei seiner Gründung durch *Johann Casimir* zum Sitz sämmtlicher Landescollegien bestimmt. Gegenwärtig befinden sich in den Lokalitäten desselben die Justizämter I. und II., der Sitzungssaal des Herzoglichen Kreisgerichts etc. Im untern Theile des Hauses nach dem Markt zu waren schon in früher Zeit mehrere Kaufhallen eingerichtet, die auch noch heute bestehen.

Das **Zeughaus,** in der Herrengasse nahe dem Regierungsgebäude, wurde gleichfalls unter Johann Casimir in den Jahren 1616—21 erbaut und zwar unter den drohenden Stürmen des dreissigjährigen Krieges. Ehedem soll das Zeughaus sehr schöne Rüstungen enthalten haben, doch wurde es im J. 1632 von den Kaiserlichen vollständig geplündert. Graf Terzky liess die Rüstungen, Graf Pappenheim die Kunstkammer wegnehmen, welche einige sehr gerühmte mechanische Kunstwerke enthielt. Gegenwärtig befindet sich in den Lokalitäten des Zeughauses die Her-

---

*) Bei der grossen Feuersbrunst, welche im Sommer 1865 mehrere Häuser der Ketschengasse zerstörte, war das Rathhaus in grosser Gefahr; doch wurde glücklicher Weise nur das Thürmchen ein Raub der Flammen.

zogliche Bibliothek, das Landrathsamt, die Staatskasse und andere Bureau's.

Unter den **Kirchen** Coburgs ist nur die *Hauptkirche von St. Moritz* als hervorragendes Bauwerk zu nennen. Das Innere derselben bietet einen stattlichen, freien und sehr hohen Raum. Am Aeussern ist das nach Westen gelegene Hauptportal von Interesse, namentlich durch die an den Sculpturen herrschende Naivetät der bildenden Kunst. Im J. 1608 sind, wie die Chroniken berichten „die Bilder unter der grossen Kirche durch einen Bildhauer ausgebessert und ihnen *an Händen und Füssen geholfen worden.*" 1624 wurden sie „mit Oelfarbe illuminirt", doch später wieder davon gereinigt. Von den beiden an dem Portal in zwar einfachem aber reinem gothischen Styl sich erhebenden *Thürmen* ist nur der *eine* fertig gebaut worden, während der andere, der sog. Rabenthurm, mit einem Nothdach abgeschlossen werden musste, weil die Gelder zum Weiterbau fehlten.

Die ersten Anfänge dieser Kirche datiren auf das Jahr 1420 zurück, und zwar melden alte Urkunden darüber, dass in dem genannten Jahre der *Abt* von *Mönchröden**) den Grundstein dazu gelegt habe. Ein grosses silbernes Bildniss (Brustbild) des Schutzpatrons der Kirche, des heiligen *Mauritius* wurde nach Nürnberg verkauft und aus dem Erlös dieses werthvollen Stückes wurden im J. 1529 bei einem Neubau der Kirche die jetzt stehenden Pfeiler derselben erbaut. Die jetzige Kirche rührt jedenfalls aus jener Zeit her, auch wissen wir, dass schon im J. 1520 vom Rathe der Stadt wegen eines Neubaues der Hauptkirche mit den betreffenden Handwerkern accordirt ward. In den Jahren 1585—86 nahm man eine Renovation des Gebäudes vor, wobei auch das *Dach* des grossen *Thurmes* erneuert wurde. Dieser Thurm ist schon 1456 zu bauen angefangen und hat eine Höhe von 263 Fuss.**) Der (unvollendete) Rabenthurm ward 1560 mit Schiefer gedeckt.

---

*) Dieses etwa zwei Stunden von Coburg gelegene Kloster wurde im J. 1103 gestiftet.
**) Im J. 1807 den 13. Juli schlug der Blitz in das mit Kupfer gedeckte Laternendach des Kirchthurms, entzündete das Gebälk und fuhr durch den Glockenstuhl herab in die Kirche; doch wurde das Feuer schnell gelöscht. 1812 schlug nochmals der Blitz ein, ohne aber zu zünden. In demselben Jahre erhielt der Thurm vom Laternenaufsatz bis herab zum Fundament einen Blitzableiter, der

In frühern Zeiten war an der Kirche, neben dem Portal an der Stelle, wo jetzt noch die Figur des heiligen Christoph sich befindet, der *Schandstein*, an welchem Gotteslästerer gezüchtigt wurden.

Das *Innere* der Kirche wurde in den Jahren 1740—42 gründlich renovirt. Auch wurde damals die alte Orgel (vom Jahr 1666) durch eine neue ersetzt. Von sonstigen Sehenswürdigkeiten in der Kirche sind nur die Grabmonumente mehrerer Coburgischen Fürsten zu nennen, welche hier beigesetzt wurden; es sind dies die Monumente für den Herzog *Johann Ernst* († 1553); für den im J. 1595 nach 28jähriger Gefangenschaft zu Wiener Neustadt verstorbenen unglücklichen Herzog *Johann Friedrich den Mittlern* (vergl. den I. Abschnitt: Politische Geschichte) und dessen Gattin; ferner für *Johann Casimir* († 1633). Letzterer liess seinem Vater Johann Friedrich dem Mittlern im J. 1598 das Epitaphium von Alabaster errichten, dessen Inschrift die Jahreszahlen der Geburt, Gefangenschaft und des Todes anzeigt. Auch Prinz *Friedrich Josias* († 1815), der namentlich aus dem Kriege gegen die Türken berühmte Feldherr, erhielt in der Morizkirche ein Grabmal.

Das nunmehr seit 260 Jahren bestehende **Gymnasium** steht in unmittelbarer Nähe der St. Morizkirche und macht sich bemerklich sowohl durch seinen alterthümlichen Giebelbau, wie auch durch das an der der Kirche zugewendeten Ecke befindliche steinerne Bildniss seines Stifters.

Johann Casimir, der ältere Sohn des Herzogs Johann Friedrich des Mittlern und Enkel des berühmten sächsischen Kurfürsten Johann Friedrich, regierte als Herzog von Coburg 1586—1633, und die meisten hervorragenden Gebäude der Stadt aus frühern Jahrhunderten sind seiner schöpferischen Thätigkeit zu danken. So war er es auch, der den Entschluss fasste, für Coburg ein „academisches Gymnasium" zu gründen, welches bis heute nach seinem Stifter das *Gymnasium Casimirianum* genannt wird. Zur Errichtung des für die hohen Zwecke dieses Instituts in entsprechendem Umfang angelegten Gebäudes wurde am 2. September 1601 der Grundstein gelegt, wo ehedem ein dem Rath gehöriges

---

im J. 1815 nach oben bis zur Spitze der Helmstange verlängert wurde, wesshalb Thurmknopf und Hahn abgenommen und gleichzeitig neu vergoldet wurden.

ihre Bewohner und bemerkenswerthen Gebäude. 29

Kornhaus gestanden, und am 3. Juli des Jahres 1605 geschah die Inauguration mit grossen Feierlichkeiten.*)
  Mit dem schnellen Aufblühen dieser Lehranstalt wurde im 17. Jahrhundert mehrmals der Plan angeregt, das Gymnasium zu einer *Universität* zu erheben,**) und es kam wirklich dazu, dass dem ältesten Sohn Ernst's des Frommen, dem Herzog *Friedrich I.*, welcher seit 1675 die Regierung für sich und seine Brüder über alle Thüringisch-fränkischen Lande bis zur Theilung von 1681 führte, im J. 1677 ein ausdrückliches Kaiserliches Privilegium zur Errichtung einer *Universität zu Coburg* ertheilt wurde. Aber unter den der Ausführung dieses Planes entgegenwirkenden Schwierigkeiten mochten wohl hauptsächlich die neuen Theilungsstreitigkeiten zwischen den sechs Brüdern Herzog Friedrichs und späterhin die Kriegsunruhen das Unternehmen vereitelt haben. Im J. 1687 hatten die Coburgischen *Stände* die Sache vergeblich nochmals in Berathung gezogen und u. A. bereits eine Pfennigsteuer dafür bewilligt.
  Die östliche Façade des Gebäudes war früher mit Malereien bedeckt, welche, in verschiedenen Gruppen zwischen den Fenstern, die Bildnisse des Aristoteles, Cicero, Ptolomäus, Petrarcha, Galenus und Hyppocrates u. A. m. enthielten. Die Malereien verwitterten mit der Zeit und wurden bei späterer Renovation des Gebäudes ganz entfernt. Die an der Ecke der östlichen Façade und der nördlichen Giebelseite des Hauses, in der Höhe des zweiten Stockwerkes befindliche steinerne Figur Herzog *Casimirs* rührt von einem gewissen V. Tümpel aus Altenstein her; sie wurde an Stelle der früher daselbst befindlichen Figur im Jahre 1628 hier angebracht.***)

---

*) Der erste Direktor des Gymnasiums, 1607 — 1616, war Andreas Libanius. Die weitern Direktoren bis zu Anfang des vor. Jahrhunderts sind verzeichnet in der „Ehre des hochfürstlichen Casimiriani Academici in Coburg" von G. Ludwig. (Coburg, 1725.)

**) Sehr originell werden die Vortheile, welche Coburg für eine Universität bietet, in der alten Hönn'schen Chronik folgendermassen besprochen: „Hierüber hätte man sich einer ziemlichen Frequenz an Studiosis zu versehen, weil in der Nähe und einzigem Frankenlande, ausser Bamberg, keine andere Universität sich befindet, die Consumptibilia auch in einem leidlichen Preiss zu bekommen, allermassen mancher aus denen Studiosis den gegen andere Universitäten wohlfeilen Frankenwein, und gutes Coburger Bier, sich wohl schmecken lassen würden."

***) Eine Brandstiftung im Gymnasium im J. 1704 wurde zeitig entdeckt und die ruchlose That vereitelt.

Das Casimirs-Fest wird in jedem Jahr gefeiert, und zwar am 3. Juli, dem Stiftungstage, durch Redeact und Gesänge in dem Auditorium, und am Tage vorher, den 2. Juli, zur Vorfeier des Stiftungstages durch einen Aufzug der Schüler, wobei die Bildsäule Casimirs bekränzt und zwischen der Absingung von Liedern eine lateinische und eine deutsche Ansprache von Schülern der obern Klassen gehalten wird.

Unter den *Gebäuden* der andern *Schulen* der Stadt ist das sehr stattliche im J. 1862 eröffnete Haus der *Bürger-Mädchenschule* am Alberts-Platz zu erwähnen; ferner das ältere, neben der Morizkirche gelegene Haus der *Bürgerknaben-* (oder sogen. *Raths-*) *Schule*.

Die **Ehrenburg**, *Residenzschloss des Herzogs von Coburg*, liegt an der östlichen Seite der Stadt; das umfangreiche Gebäude ist begrenzt nach Süden von der Steingasse, nach Norden vom Schlossplatz (auf dessen entgegengesetzter Seite das *Theater* steht), nach Westen von der Schlossgasse und nach Osten von den Herzoglichen *Marställen* und der *Reitbahn*, an welche der *Hofgarten* und der hinter demselben aufsteigende *Festungsberg* grenzt.

Das *Schloss Ehrenburg* ist erst im Verlaufe mehrerer Jahrhunderte zu seinem jetzigen Umfange angewachsen und die in verschiedenen Zeiten erbauten Theile desselben sind deutlich von einander zu unterscheiden. Der *älteste* Theil des Schlosses wendet seine Giebelfaçade der Steingasse zu und wurde im 16. Jahrhundert hier an der Stelle eines ehemaligen Barfüsser-Klosters erbaut. Jenes Kloster ward im J. 1525 auf Befehl des Kurfürsten *Johann des Beständigen* mit allen dazu gehörigen Besitzungen dem Stadtrath übergeben. Der Bau des *Schlosses*, d. h. des bezeichneten ältern Theiles, erfolgte dann in den Jahren 1543—1549. Herzog *Johann Ernst*, der jüngere Bruder des Kurfürsten Johann Friedrich, war der *erste* sächsische Fürst, welcher *seine Residenz nach Coburg verlegte* und im J. 1549 das neu erbaute *Schloss* bezog. Dasselbe erhielt den Namen *Ehrenburg*, weil — wie alte Chronisten melden — „nicht ein einziger Unterthan derentwegen mit *Frohndiensten* oder der geringsten *unvergoltenen* Arbeit beschwert worden." Nach andern Mittheilungen hat Kaiser *Karl V.*, welcher (nach der Schlacht bei Mühlberg) bei seiner Rückkehr aus

Sachsen im Schlosse übernachtete, demselben zu seiner *eigenen Ehre* den Namen gegeben.

Unter der Regierung des Herzogs *Johann Casimir* wurde im J. 1626 das alte Schloss durch neue Flügel nach dem Hofe zu erweitert und wurde dieser Bau durch einen italienischen Baumeister Bonallino mit grossem Aufwand ausgeführt. Die in dem westlichen Flügel befindliche Hofkirche bestand ehemals nur aus einem einfachen Saal, und der östliche Flügel wurde durch einen Graben begrenzt, über welchen eine Brücke nach dem Steinthor führte. Schon im J. 1689 wurden gerade diese neuen Theile von einer Feuersbrunst ergriffen und theilweise zerstört. Herzog *Albrecht* liess hierauf die abgebrannten Gebäude nebst der Schlosskirche vollständig neu aufbauen und wurden dieselben bis zum Jahr 1693 so weit vollendet, dass der Herzog seine Wohnung wieder darin nehmen konnte.*) Als jedoch 1699 jener Fürst ohne Nachkommen gestorben war, entstanden wegen der Erbtheilung des Landes so verwickelte Streitigkeiten und Verhandlungen, dass die gänzliche Vollendung des neuen Schlossbaues auf eine lange Reihe von Jahren ausgesetzt werden musste, und erst als die Herzöge *Christian Ernst* und dessen Bruder *Franz Josias* den faktischen Besitz des Coburgischen Fürstenthums antraten (1735), konnte auch der Weiterbau wieder in Angriff genommen werden, und im J. 1738 wurde endlich die neue Hofkirche im Schlosse feierlichst eingeweiht.

Eine neue Umgestaltung erhielten die nach Norden gelegenen Theile des Schlosses unter der Regierung des Herzogs *Ernst I.* von Coburg und Gotha (Vater des jetzt regierenden Fürsten), welcher die Neubauten seit 1816 nach Heideloff's Plan ausführen liess. Der *englisch-gothische* Styl, in welchem diese äussersten Flügel nach dem zweiten (offenen) Hof sowohl, wie auch der über dem Mittelbau sich erhebende Thurm gehalten sind, verleihen dem Schlosse (jedoch immer mit Ausnahme des ältern Theils nach der Steingasse zu) seinen jetzt vorwiegenden Charakter.

*) In einem Festgedicht jenes Jahres heisst es:
  Die Ehrenburg steht neu
  In wunderschönen Zimmern,
  Und lässt ihr Kunstgebäu
  Noch mehr als vormals schimmern,
  So dass der Herzog nun
  Heut kann den Einzug thun.

Im *Innern* des Schlosses ist besonders der für grosse Hoffestlichkeiten benutzte *Riesensaal*, von colossalen Cariatyden getragen, sehenswerth. Dieser interessante Bau stammt noch aus der Zeit des Herzogs Casimir (1626); die gleichfalls unter diesem Fürsten verfertigte sogenannte *Hornstube* (vollendet 1632) wurde glücklicherweise bei dem grossen Brande von 1689 verschont, doch ist die ungemein kunstvolle Holzbekleidung derselben 1806 auseinander genommen und später auf die Veste gebracht worden. Die in verschiedenen Gemächern des Schlosses befindlichen ausgezeichnet schönen *Gobelins*, sowie Gemälde etc. werden den Besuchern vom Kastellan gezeigt.

Auf der dem Schlosse entgegengesetzten Seite des freien Platzes steht das Herzogliche **Hoftheater.** Das sowohl im Aeussern wie im Innern sehr geschmackvoll erbaute Haus wurde im J. 1838 begonnen und 1840 eröffnet.*) Der Bau wurde in dem vordern Theil vom Baumeister *Harres* (später in Darmstadt) ausgeführt, in den übrigen Theilen von dem Baumeister *Fischer-Birnbaum*.

Das Theater hat drei Galerien, Proscenumslogen und in der Mitte des I. Ranges eine grosse Hofloge. Unten im Theater ist eine Restauration, sowie die Räume der Gesellschaft „Erholung." Der grosse Concertsaal ist in neuerer Zeit fast unbenutzt geblieben.

Von den *Kirchen* der Stadt mögen hier nur noch die zuerst im J. 1414 gegründete, jedoch zu Anfang des vorigen Jahrhunderts sehr umgebaute *heil. Kreuzkirche*, sowie die erst vor einigen Jahren errichtete *katholische Kirche*, oberhalb der Arkaden am Festungsberg, erwähnt sein.

Die *Arcaden* mit der darunter befindlichen *Wache* sind ebenfalls erst in den vierziger Jahren erbaut worden. Neben den Arcaden befindet sich die *Reithalle*, über dem Eingang mit einem massiven steinernen Pferdekopf geschmückt.

Im *Hofgarten* befindet sich das *Grabmonument* des im J. 1806 verstorbenen Herzogs *Franz* von Coburg und der Herzogin Auguste Caroline Sophie († 1831). Herzog Franz war zuerst in der Moritzkirche beigesetzt worden, doch

---

*) Das erste Theater in Coburg war im J. 1684 im obern Saale des Zeughauses errichtet und am Geburtstage des Herzogs Albrecht eröffnet worden. Bis zur Erbauung des jetzigen Hauses war das Theater in der Nähe desselben in dem ehemaligen sogenannten Ballhause, wo jetzt die Arkaden den Hofgarten begrenzen.

liess ihm einige Jahre später Herzog Ernst I. dies sehr geschmackvoll ausgeführte Mausoleum setzen.

Bedeutender ist das erst unter dem gegenwärtig regierenden Herzog im J. 1858 von *Eberhard* in Gotha erbaute **Mausoleum,** welches auf dem grossen Gottesacker (hinter dem Glockenberg) hoch und frei über der Stadt sein goldenes Kreuz strahlen lässt. Diese mit dem Motto: „In Stille und Hoffnung" versehene fürstliche Ruhestätte, „Familiengruft des Herzoglichen Hauses zu Sachsen-Coburg-Gotha von den Häuptern der sämmtlichen Linien desselben erbaut," enthält — in Form einer *Basilica* zunächst die von Säulen getragene Vorhalle mit der auf die Gründung bezüglichen Inschrift. Aus der Vorhalle gelangt man in die Kapelle, die den mittlern Hauptraum des Gebäudes einnimmt. Rechts von der Kapelle in der schmalen Seitenhalle stehn die schweren metallnen Särge mit den sterblichen Resten der bereits heimgegangenen fürstlichen Glieder des Coburg-Gothaischen Hauses. In dieser Gruft ruhen bis jetzt: 1) Herzog *Ernst I.*, Vater des jetzt regierenden Herzogs, regierte seit 1806, Herzog zu *Gotha* seit 1826, gestorben 1844; 2) und 3) dessen beide Gemahlinnen: *Louise* (Tochter des Herzogs August von Gotha), vermählt 1817, gestorben 1831, und *Auguste* (Tochter des Herzogs Alexander von Würtemberg), vermählt 1832, gestorben 1860; 4) Ferdinand Georg *August*, Prinz von S. Coburg und Gotha, gest. 1851 (als K. K. österreichischer General der Cavallerie); sowie 5) des Letzteren Gemahlin Marie Antoinette Gabriele (Tochter des Fürsten Franz Joseph von *Kohary*) gest. 1862. — Im obern Theile der erwähnten *Kapelle* des Mausoleums, zu welchem man durch einen Diener Eintritt erhalten kann, sind Nischen angebracht, in welchen nach und nach die Büsten der hier ruhenden fürstlichen Personen aufgestellt werden. Doch steht bis jetzt von den bereits im Mausoleum Beigesetzten erst **eine** Büste, die der Herzogin L o u i s e, einsam da.*)

Von sonst bemerkenswerthen Häusern sind noch zu nennen:

---

*) Neuerdings hat der Gottesacker, auf welchem das Mausoleum sich befindet, gegenüber demselben, ein schön eingerichtetes L e i c h e n h a u s erhalten. Dasselbe ist in gleichem Styl gehalten, wie das Mausoleum und von dem städtischen Baumeister Martinet ausgeführt.

Das sogenannte „*Schlösschen*", hinter dem Theater am Bürglass gelegen. Dasselbe wurde vom Prinzen *Friedrich Josias* bis zu dessen (im J. 1815 erfolgten) Tode, später vom Prinzen *August* von S. Coburg und Gotha bewohnt.

Das ehemalige Praetorius'sche, jetzt Rose'sche Haus in der Gymnasiumsgasse, welches *Jean Paul**) vom Frühjahr 1803 bis 1804 bewohnte. Jean Paul schrieb in Coburg den grössten Theil seiner „Flegeljahre" und Vieles am „Titan". Nach der 100jährigen Geburtstagsfeier (am 21. März 1863) liess der gegenwärtige Besitzer des Hauses an demselben eine Gedenktafel anbringen.

Auf dem Glockenberg (Bezirk IX Nr. 125) ist das Haus, in welchem eine der herrlichsten Künstlerinnen aller Zeiten, Wilhelmine *Schröder-Devrient*, bei ihrer Schwester (Hofschauspielerin Frau Schlönbach) starb, gleichfalls durch eine Gedenktafel ausgezeichnet, mit der Inschrift: In diesem Hause starb Wilhelmine Schröder-Devrient am 26. Januar 1860.

Plätze hat die Stadt Coburg fünf: den Markt, den Albertplatz, Ernstplatz, Schlossplatz und Theaterplatz. Zwei dieser Plätze sind mit **Statuen** geziert. Auf dem Schlossplatz vor dem offenen Hofe der Ehrenburg steht die von Schwanthaler modellirte **Bronzestatue des Herzogs Ernst I.** († 1844). Mit der in der Rechten des Herzogs befindlichen Pergamentrolle soll die im Jahre 1821 dem Lande verliehene *Verfassung* angedeutet sein. Die Statue steht hier inmitten der hervorragendsten Schöpfungen des Herzogs Ernst I., durch welche jener Fürst mit unermüdlichem Eifer für die Verschönerung der Residenz sowohl wie des Landes Sorge getragen.

Die **Bronzestatue des Prinzen Albert,** Prinzgemahl der Königin *Victoria* von England, bildet die neueste Zierde des *Marktes* und der Stadt.

Prinz Albert, der zweite Sohn des letztverstorbenen Herzogs und jüngerer Bruder des jetztregierenden Herzogs von Coburg-Gotha, wurde am 26. August 1819 im Schlosse Rosenau bei Coburg geboren. Beide Prinzen, Ernst und

---

*) Im Sommer hielt Jean Paul den ganzen Tag sich in seinem Gartenhäuschen auf dem Adamiberg (vor dem Judenthor) auf. Jeden Morgen pilgerte er dort hinauf „eine Blume im Knopfloch, eine Mappe unterm Arm, den Stock in der Hand und auf dem Haupt die Mütze mit dem grossen Schild."

Albert, bezogen im Frühjahr 1837 die Universität *Bonn*. Zwei Jahre später erschienen sie in Gesellschaft ihres Oheims, des Königs *Leopold* von Belgien (Sohn des Herzogs *Franz* von Coburg und jüngerer Bruder Herzogs Ernst I.) am Hofe von St. James in London, und gleich nach ihrer Abreise verkündigte die Königin Victoria von England ihren Entschluss, *dem Prinzen Albert ihre Hand zu reichen;* am 10. Februar 1840 wurde die Vermählung gefeiert. Die Situation des deutschen Fürsten als eines *Fremden* musste besonders gegenüber einem von so starkem Nationalgefühl beseelten Volke, wie das *englische*, ungemein schwierig sein, und nur einem Charakter, wie Prinz Albert war, konnte es gelingen, die Misslichkeiten so vielfacher Beziehungen nach und nach zu beseitigen. Er that dies mit ebenso viel Festigkeit als Besonnenheit und Einsicht; sein Wahlspruch „treu und fest" leitete alle seine Handlungen und Entschlüsse, sowohl im öffentlichen Leben, wie in seinen Privatbeziehungen, in denen er Aller Herzen an sich fesselte. Seine Verdienste in England um die Erziehung der Menschen, um die materielle und sittliche Hebung der ärmeren Klassen, um die Förderung der Industrie und der Wissenschaften waren ausserordentlich und mussten mehr und mehr die vollste Würdigung der *englischen* wie der deutschen Nation finden. Im Jahre 1847 wurde er zum Kanzler der Universität Cambridge gewählt; für die erste grossartige *Weltausstellung* in *London* im J. 1851 hatte Prinz Albert als Präsident der „Society of arts" den Plan entworfen und im J. 1857 eröffnete er die grossartige Kunstausstellung in Manchester.

Nachdem der allzufrüh (14. December 1861) in England erfolgte Tod dieses an Geistesgaben und an Character gleich ausgezeichneten Mannes sowohl in England wie in Deutschland die allgemeinste und aufrichtigste Theilnahme erregt hatte, wurde in *Coburg* der Wunsch laut, dem hier noch in Aller Herzen lebenden Prinzen auch in seiner Heimath ein Denkmal zu setzen. Der treffliche Bürgermeister Oberländer betrieb die Angelegenheit mit dem ihm eigenen Eifer und während im J. 1863 die öffentlichen Sammlungen für das Denkmal im Gange waren, kündigte die *Königin Victoria* dem Comité an, dass sie die Statue selbst den Coburgern zum Geschenk machen wolle, und diesen nur die Anschaffung des *Piedestal's* überlassen bleibe.

Bei ihrem Besuche in Coburg im Sommer 1863 wählte die hohe Frau selbst den Platz für das Denkmal aus und gab den Wunsch zu erkennen, dass dasselbe auf dem *Markt* seinen Standpunkt erhalte.

Die feierliche Enthüllung des Denkmals, in Gegenwart der Königin Victoria von England, sowie der königlichen Kinder und einer grossen Anzahl fürstlicher Personen, ward auf den 26. August 1865 festgesetzt. Die *Statue* ist von dem englischen Bildhauer *Teed* modellirt und von *Lenz* und *Herold* in *Nürnberg* (Burgschmidt's Nachfolger) in Erz gegossen. Die Statue selbst ist 10½ Fuss hoch; das Postament von Syenit (schwärzliche Marmorart aus dem Fichtelgebirge) hat eine Höhe von circa 12 Fuss. Das Antlitz des Prinzen ist dem Rathhause zugekehrt; er ist in dem vollen Ornat als Ritter des Hosenbandordens dargestellt, den Stab in der Linken auf die Hüfte gesetzt, der schwere mit breiter Kette über der Brust zusammengehaltene Mantel bis zum Boden herabfallend, unter dem linken Knie das Ordensband mit der Inschrift: „Honni soit qui mal y pense."

Die Rückseite des Piedestals trägt die Inschrift: „Errichtet den 26. August 1865;" auf der Vorderseite steht: „*Albert*, Prinz von Sachsen-Coburg und Gotha, Herzog zu Sachsen, Prinz-Gemahl von Grossbritannien und Irland. Geboren den 26. August 1819, gestorben den 14. Dezember 1861." Darunter steht der Spruch: „*Das Gedächtniss der Gerechten ist im Segen.*"

So darf Prinz Alberts Denkmal, zu welchem die Liebe seines Heimathlandes mit der seiner königlichen Gemahlin sich so schön vereinigt hat, und dessen künstlerische Ausführung seiner Bedeutung entspricht, als ein neuer und wahrhaft schöner Schmuck der Stadt Coburg gelten.

IV. Die Veste Coburg.

Wie in frühern Jahrhunderten die Existenz der *Stadt* Coburg erst gewissermassen durch die Veste *bedingt* wurde, so ist gegenwärtig die Veste — in ihrer durch die Zeit wesentlich veränderten Bedeutung — in mehrfacher Beziehung ein durchaus integrirender Theil der Stadt Coburg geblieben.

Es sind *drei* Momente, welche der „Festung" oder „Veste" — letzteres ist wohl das bezeichnendere Wort — ihre besondere Bedeutung und ihren fesselnden Reiz verleihen: der Charakter der Veste als alterthümliches *Bauwerk* mit den daran sich knüpfenden historischen Erinnerungen; ferner als Obdach für die darin enthaltenen werthvollen *Sammlungen* (die Waffensäle, Kupferstichsammlung und zoologisches Museum); und endlich die *malerische Lage* der Veste und die herrliche *Landschaft*, welche man von der Höhe derselben überblickt. Der sympathische Zug, welcher den *Coburger* mit seiner Veste verbindet und ihn immer wieder zu seiner alten Jugendfreundin hinaufführt, er wird auch sehr bald begriffen und verstanden von dem Fremden, welcher zu ihr emporgestiegen ist, und stets nur ungern wieder von ihr scheidet.

Wir wollen die dreifache Bedeutung der Veste, wie sie hier kurz angedeutet worden, auch in der Eintheilung bei der nachfolgenden eingehenderen Betrachtung derselben berücksichtigen und mit einem Blick in ihre historische Vergangenheit beginnen.

Die **Geschichte** der *Veste*, obwohl sie in der ältern Zeit mit der Geschichte der *Stadt* Coburg und des Landes stets verbunden war, hat doch auch gewisse Epochen, welche ihr ganz eigenthümlich zugehören und welche deshalb auch in diesem historischen Ueberblick besondere Berücksichtigung finden müssen. Diese Epochen sind namentlich:

der Aufenthalt *Luthers* auf der Veste, und ihre *Belagerungen im dreissigjährigen Krieg*. Wo ihre Schicksale — ohne selbstständige Bedeutung — mit der Geschichte des Landes Hand in Hand gehen, wird der Leser in dem ersten Abschnitt dieses Büchleins das Nöthigste verzeichnet finden.

Ueber den Zeitpunkt der ersten Erbauung der Veste lässt sich mit Gewissheit nichts angeben. Möglich, dass die ursprüngliche Burg schon unter Karl dem Grossen hier angelegt wurde: möglich auch, dass ihre Entstehung in jener Zeit des Mittelalters zu suchen ist, als die „kleinen Herren" des Landes, hier die fränkischen Ritter, in ihren auf Bergen gelegenen Wohnungen sich stärker befestigten, um von ihren Burgen aus mit dem Hinterhalt eines sicheren Schutzes ihre Raubzüge sowohl gegen andere Burgen, wie später auch namentlich gegen Klöster und Klostergüter auszuführen. Ueber den Ursprung ihres Namens haben sich etymologische Spekulationen genug vernehmbar gemacht; alle aber sind eben nichts weiter, als grundlose Vermuthungen und wir müssen es deshalb dahin gestellt sein lassen, ob die Veste von einem Grafen Cobbo erbaut ward, ob sie ursprünglich Hoheburg oder gar Kühburg geheissen habe. Die ältesten Nachrichten, in denen Coburg als Ort genannt wird, sind aus dem 11. Jahrhundert. So ward 1008 durch den Archidiaconus von Würzburg ein gewisser Heinrich Kirchheim zum Probst in Coburg eingesetzt und in einer Urkunde vom Jahre 1057 werden die Lande Coburg, Saalfeld und Orla genannt. Späterhin, im J. 1122, ist einmal von einem *Berg* des Namens die Rede, auf welchem aber jedenfalls schon früher die Burg stand; auch wird aus dem J. 1265 von einer *Capelle* auf der Veste Coburg berichtet, in der wöchentlich viermal *Messe* gehalten wurde.

Das Unwesen, welches die händelsüchtigen Ritter, und auch der fränkische Adel, von den Burgen aus im Lande trieb, brachte mehr und mehr auch die Klostergeistlichen in Bedrängnisse, so dass Kaiser Friedrich II. sich veranlasst sah, in einem Edikt des J. 1232 den Befehl zu geben, dass *in der Nähe von Klöstern* keine Burgen mehr erbaut werden sollten; ja, es wurden sogar mehrere Burgen auf kaiserlichen Befehl abgetragen. Auch in Franken wurden einige Schlösser von solchem Schicksal betroffen; doch war unsere Coburg jedenfalls *nicht* darunter, denn sie wird vom Bischof von Würzburg in einer Verordnung des J. 1265, und zwar eigenthümlicher Weise als eines „castrum" erwähnt. In den ersten Jahrhunderten ihres Bestehens ist die Veste jedenfalls im Besitze verschiedener Gaugrafen gewesen, bis das Geschlecht der *Grafen von Henneberg* ihre Macht ausserordentlich erweitert hatten und zu ihrem bereits grossartigen Gebiete auch endlich Stadt und Land Coburg, und damit auch die Veste erhielten. Nach dem Tode der Gräfin *Jutta* von Henneberg, gebornen Markgräfin von Brandenburg, kam durch die Vermählung von deren zweiter Tochter Katharina das Land Coburg an die Markgrafen zu Meissen, und wurde nun für längere Zeit als sogenannte „Pflege Coburg" unter deren Regierung verwaltet. Hier und später theilte nun die *Veste* alle weitern wechselvollen Schicksale des Landes. Als die Wittwe Friedrichs des Strengen, die Hennebergische Gräfin Katharina die „Pflege Coburg" als Erbland erhalten hatte, entstanden in dem Lande sehr blutige Fehden, durch die Grafen Apel Fuchs, Hildebrand von Thüngen und andere fränkische Ritter herbeigeführt. Ernster noch wurde der Krieg, welchen der Graf von Schwarzburg im Bündnisse mit dem Bischof von Würzburg gegen die Fürstin Katharina im Coburgischen Lande erregte und welcher in den Jahren 1395 — 1399 dem Lande grosse Noth bereitete. Von Interesse ist schon jener Krieg für die Geschichte der *Veste* durch den Umstand, dass die sehr tapfere *Vertheidigung* derselben durch den damaligen Voigt von Coburg, Günther von Bünau, dem Kriege endlich eine günstigere Wendung gab. Die Feinde mussten nicht nur die Belagerung der Veste aufgeben, sondern wurden auch noch von den Streitern des Voigts verfolgt und schmählich in die Flucht geschlagen.

Bemerkenswerthes ist über die Veste von jener Zeit an nichts zu berichten, bis endlich das grosse Ereigniss der *Reformation* derselben eine neue Glorie verlieh. Unter den sächsischen Fürstenthümern, welche zuallererst der weitern Ausbreitung der reformatorischen Bewegung förderlich waren, steht Coburg vornan. Schon 1518 hatte die Stadt ihren lutherischen Prediger, die Mönche und Nonnen mussten die Klöster des Landes verlassen und die Güter wurden mit Sequester belegt. Unter der Regierung des Kurfürsten Johann des Beständigen kam *Dr. Martin Luther* selbst nach Coburg, predigte im April des J. 1530 an mehreren Orten, wie auch in der Stadt Coburg, in der St. Morizkirche, und nahm auf der *Veste* Coburg seinen Wohnsitz, während der Kurfürst mit Melanchthon, Spalatin und Andern sich zum Reichstag nach Augsburg begab. (23. April 1530.)

Auch während seines beinah einhalbjährigen Aufenthalts auf der Veste hat Luther in der Stadt gepredigt und entwickelte ausserdem in seinem „Versteck" eine enorme literarische Thätigkeit. Eine seiner hervorragendsten polemischen Schriften aus der Zeit seines Coburger Aufenthalts: „Die Bekenntniss Martin Luthers auf den jetzigen angestellten Reichstag einzulegen" in 17 Artikeln verfasst, im Jahr 1530" ist in demselben Jahre *in Coburg selbst* („durch Hans Bern") *gedruckt* worden. Neben noch mehreren andern theologischen Schriften förderte Luther auch fleissig seine *Bibelübersetzung,* beschäftigte sich nebenbei zur Erholung mit den Fabeln des *Aesop,* um eine Auswahl derselben in gereinigter Sprache zu ediren, und führte dabei eine so ausserordentlich angestrengte Correspondenz, dass (wie aus der de Wette'schen Sammlung zu ersehen) nicht weniger als 119 seiner im Druck erschienenen Briefe von *Coburg* aus datirt waren! Und bei alledem klagte noch dieser merkwürdige Mann, dass er wegen leiblicher und geistiger Schwachheit nicht thätig sein könne! Von seinen Briefen, in denen er sich *über seinen Wohnsitz auf der Veste* ausspricht, ist der an die „Tischgesellen" in Wittenberg von Interesse, worin es u. A. heisst:

„Es ist ein Rubet˙ (rubetum — Brombeergesträuch, Buschwerk) gleich für userm Fenster hinunter, wie ein kleiner Wald, da haben Dohlen und Krähen einen Reichstag hingelegt, da ist ein solches Zu- und Abreiten, ein solch Geschrei Tag und Nacht ohne Aufhören, als wären sie alle trunken, voll und toll; da keikt Jung und Alt durcheinander, dass mich wundert, wie Stimme und Odem so lang währen möge. Und möchte gerne wissen, ob auch solches Adels und reisigen Zeugs auch noch bei euch wären; mich dünkt, sie seien aus aller Welt hier versammelt."

Ferner schreibt er an Melanchthon am 22. April 1530: „Uebrigens fehlt mir nichts, was zu dem einsamen Aufenthalte gehört. Das grosse Gebäude, das am Schlosse hervorragt, ist mir gänzlich eingeräumt und ich habe den Schlüssel zu allen Gemächern."

Es sind also in diesen Briefen zwei Momente, welche uns einigen Anhalt bieten, den Theil des Gebäudes, welchen Luther bewohnte, zu bestimmen: Das „Rubet" für den Reichstag der Dohlen und Krähen, und das „grosse Gebäude", welches am Schlosse hervorragt. Unter diesem grossen Gebäude kann nur der unter dem Namen „Fürstenbau" bekannte *mittlere* Theil des Schlosses zu verstehen sein, welcher gegen Süden hin nach der Hofseite hervortritt. Dass dieser „Fürstenbau" zu jener Zeit noch um ein Stockwerk höher gewesen, welches nach dem Tode der darin in langer Gefangenschaft befindlich gewesenen Herzogin Anna abgetragen worden sei, scheint nicht erwiesen. Zuverlässiger aber ist es, dass Luther in dem nach Norden zu gelegenen Theile des Fürstenbaues gewohnt hat, welcher noch bis heute am stärksten mit hoch sich aufthürmendem Buschwerk und Bäumen bewachsen ist. (Ueber das sogen. „Lutherzimmer" vergl. später.)

Hinsichtlich der geistigen Thätigkeit Luthers auf der Veste Coburg muss hier noch erwähnt werden, dass auch der gewaltige Choral „Ein feste Burg ist unser Gott" auf dieser Veste gedichtet worden, wenigstens spricht alle Wahrscheinlichkeit dafür.

Der Aufenthalt Luthers in Coburg währte vom *April* bis *Oktober* 1530; im September kam *Johann Friedrich* als Kurprinz nach Coburg, um Luther zu besuchen und ihn mit einem schönen Ringe zu beschenken. Nachdem in den ersten Tagen des Oktober der *Kurfürst Johann* selbst in Coburg eingetroffen war, reiste derselbe wenige Tage nachher mit Luther von hier nach Altenburg ab.

Nach dem Tode des Kurfürsten Johann des Beständigen († 1532) führte sein älterer Sohn Johann Friedrich zugleich für seinen noch unmündigen Bruder die Regierung auch über das Coburgische Land. Als darauf *Johann Ernst* mit seiner Volljährigkeit das Herzogthum Coburg erhielt (1541), nahm er zuerst auf der Veste Coburg seinen Wohnsitz*), den

---

*) Johann Ernst war auf der Veste Coburg geboren, als im J. 1521 Johann der Beständige mit seiner Gemahlin sich einige Zeit daselbst aufhielt. Die Chronik berichtet, dass bei der Ankunft des Kurfürsten Johann auf der Veste im J. 1520 der Rath der Stadt ihm „zwei Lägel Malvasier für 21³/₄ fl. verehrte."

er dann in die im Jahre 1549 vollendete Ehrenburg verlegte.

Im J. 1550 war der Commandant der Veste Matthias von Wallenroth, und wurde derselbe von Herzog Johann Ernst mit einer Botschaft zu dem seit der Schlacht von Mühlberg gefangenen Kurfürsten Johann Friedrich abgesandt. Die Wichtigkeit der Veste zur Vertheidiguug des Landes wurde damals schon vollständig erkannt und nach dem Tode des Johann Ernst (1553) hatte Johann Friedrich in seinem Testamente ausdrücklich bestimmt, dass auf der Veste ein „gemeinschaftlicher Hauptmann" angestellt sein solle. Hauptmann Wallenroth blieb auch für die nächste Zeit der Commandant und empfing im Oktober 1555 daselbst den Superintendenten Dr. Möhrlein zu Coburg mit dem zum Besuche dort anwesenden Philipp *Melanchthon*.

Von der Zeit der Reformation bis zum Beginn des *dreissigjährigen Krieges* ist aus der Geschichte der Veste nichts von Bedeutung zu berichten. *Johann Casimir*, der hinsichtlich neuer und wichtiger Bauten um das Land sich sehr verdient machte, hatte seit Antritt seiner alleinigen Regierung als Herzog von Coburg (1596) auch an den Gebäuden der *Veste* bereits mancherlei Verbesserungen vorzunehmen begonnen, und namentlich als das Nahen der Kriegsstürme sich immer bedrohlicher vernehmbar machte, die Umfassungsmauern, Thürme etc. in einen zur Vertheidigung geeignetern Zustand gebracht. Das unglückliche Land konnte dadurch freilich vor den furchtbaren Gräueln und Verheerungen dieses mörderischen Krieges nicht geschützt werden, aber doch die Veste war im Stande, in einem Zwischenraum von zwei Jahren *zwei Belagerungen* durchzumachen, von denen die erste, im J. 1632, zu hohem Ruhme der Festung und ihrer Vertheidiger ausfiel.

Obwohl Herzog Casimir dadurch, dass er sich von der evangelischen Union aus Vorsicht noch fern hielt, vom Kaiser die Verschonung seines Landes von allen Kriegspressuren ausdrücklich zugesichert erhalten hatte, so wurden doch schon Anfangs der zwanziger Jahre die sich mehrenden Truppendurchzüge für das Land sehr lästig, und zuerst waren es namentlich die Tilly'schen Regimenter, welche bei ihren Durchzügen durch das Coburgische Land im October und November 1623 durch ihre Gewaltthaten die Einwohnerschaft in Schrecken setzten. Die Drangsale wiederholten sich in jedem folgenden Jahre bis 1632 und obwohl die Coburger fortwährend grosse Proviantlieferungen, die ihnen anbefohlen waren, gutwillig hergaben, waren sie doch dabei den Plünderungen und allen Rohheiten der kaiserlichen Soldaten ausgesetzt. Unterdessen hatte auch Herzog Johann Casimir sich im J. 1631 zu Leipzig dem Bündniss der protestirenden deutschen Fürsten angeschlossen. Am 5. März hatte *Tilly* die Stadt *Königsberg* in Franken eingenommen und, gemäss den Grundsätzen dieses Ungeheuers, plündern und in Brand stecken lassen. Unterdessen hatten auch die schwedischen Truppen in Franken mehr Position zu fassen gesucht und ein schwedischer Oberst unternahm im Mai 1632 mit einigen Truppen des Coburgischen Ausschusses gegen die Stadt und Festung *Kronach* eine Belagerung, die aber für die Coburger unglücklich ausfiel. Im September 1632 schickte endlich Herzog *Bernhard von Weimar* den schwedischen Oberst *Taubadel* mit sieben Compagnieen Dragoner nach Coburg, von denen die Hauptmasse in die Coburger Vorstadt einquartirt ward, während die *Festung* eine Besatzung von 200 Mann, incl. der Coburger Mannschaft, behielt.

Am 24. September 1632 rückten aber 40,000 Mann bairischer und kaiserlicher Truppen, die Armee *Wallenstein's*, des Herzogs von Friedland, von Forchheim aus nach Bamberg. Von jener Armee wurden einige Tage später 8000 Mann nach Coburg dirigirt, wo dieselben am 28. September ankamen und ihr Hauptquartier in Ketschendorf nahmen. Die Besatzung der Stadt wehrte sich einige Zeit gegen die Angriffe des Feindes, unterstützt durch den schwedischen Oberst Taubadel, der von der *Veste* aus ein paarmal ausfiel und die friedländischen Truppen aus der Vorstadt verjagte. Doch wurden nach zweimaliger Aufforderung aus dem Lager der Kaiserlichen endlich die Thore der Stadt von der bedrängten Bürgerschaft geöffnet, und die in der Stadt noch befindlichen Schweden, welche durch die Capitulation überrascht wurden, mussten sich in aller Eile nach der *Festung* hinauf ziehen, unterstützt durch die oben befindliche Mannschaft. Noch an demselben Tage liess *Wallenstein* den Oberst *Taubadel* auffordern, die Veste gleichfalls zu übergeben, was dieser jedoch rund abschlug. Der kaiserliche Feldmarschall *Altringer* hatte hierauf mehrere angesehene Coburger Bürger zusammen führen lassen, um sie als Deputation auf die Festung zu schicken, mit dem Bedeuten, dass wenn die Festung nicht bis zum andern Tage übergeben worden sei, das ganze Land ohne Schonung mit Feuer und Schwert verwüstet und keiner von den Einwohnern verschont werden würde. Mit einem Trommelschläger wurden die unglücklichen Deputirten nun von Stetzenbach durch die Schanzgräben auf die Festung geschickt, um die schreckliche Drohung Wallenstein's und Altringer's dort beim Oberst Taubadel anzubringen. Der Oberst hörte sie oben am Thore an, erklärte jedoch ohne langes Besinnen: er werde die vom König von Schweden ihm anvertraute Festung bis zum letzten Blutstropfen vertheidigen.*) Als von Kaiserlichen Soldaten auf die zurückkehrenden Deputirten Feuer gegeben wurde, flehten dieselben oben um Einlass in die Veste, der ihnen endlich auf längeres Bitten gewährt wurde. Am zweiten Tage wurden sie wieder entlassen, um dem kaiserlichen Feldmarschall den Entschluss des Commandanten der Veste zu verkünden. Während im Lande nun Städte und Dörfer angezündet wurden, begann eine förmliche *Belagerung* der Veste. Nachdem von den durch Zuzüge verstärkten Wallenstein'schen und bairischen Truppen die Festung von der durch Wallenstein besetzten und befestigten Schanze der „Fürwitz" mit Granaten beworfen und auf nochmalige Aufforderung die Uebergabe wieder kurz verweigert worden, setzte der Feind am 3. Oktober Sturmleitern in die Gräben, um die Basteien zu erobern. Aber der *Sturm* wurde mit ziemlich beträchtlichem Verlust des Feindes abgeschlagen, und die kaiserlichen Truppen entschädigten sich am nächsten Tage dafür durch neue Plünderungen, Räubereien und Brandstiftungen in der Stadt und den umliegenden Ortschaften.

Als die Schweden unter dem Commando des Herzogs

---

*) Nach dem uns noch aufbewahrten Berichte des Conrad Rüger, damaligen Constablers auf der Veste, lautete des Commandanten Antwort: „er habe für den Herzog von Friedland nichts als Kraut und Loth und die Spitze vom Degen; wenn er die haben wolle, solle er nur kommen." Derselbe Berichterstatter und Theilnehmer an der Vertheidigung der Veste, Conrad Rüger, erzählt auch u. A., dass am 30. September, als man auf der Veste wahrnahm, wie Wallenstein, aus der Stadt kommend, die Belagerungsanstalten recognoscirte, er — Conrad Rüger — eine Feldschlange auf den Herzog gerichtet, deren Kugel dicht vor dem Pferde desselben einschlug, dass die Erdstücke ihn und das Pferd überflogen.

Bernhard von Weimar von Schweinfurt her näher rückten und ein paar starke Abtheilungen derselben bereits einige erfolgreiche Scharmützel gegen die Isolanischen Reiter ausgeführt hatten, gab endlich Wallenstein am 5. Oktober die weitere Belagerung der Veste Coburg auf, steckte sein Lager in Brand und nahm noch eine Anzahl Coburger Bürger als Geiseln für noch zu zahlende Contributionen mit sich.*) Ein Theil der Besatzung der Veste verfolgte die Nachhut des abziehenden Feindes, und machte noch zahlreiche Gefangene, so u. A., wie es heisst, den Beichtvater Wallenstein's.

Der schwedische Oberst Taubadel nahm hierauf in der *Stadt* Quartier und liess den Capitain Griesheim mit einer Compagnie als Commandant auf der Veste.

An der Festung wurden nun im folgenden Jahre verschiedene Ausbesserungen und Neuerungen zur Stärkung derselben ausgeführt. Dieselben leitete der dafür vom Herzog Bernhard von Weimar eingesetzte Ingenieur von *Ass*. Der Herzog Bernhard hatte schon im März d. J. Staffelstein eingenommen und zur Vergeltung für die von den Staffelsteinern in Neustadt verübten Zerstörungen den Ort abgebrannt. Am 25. Juni 1633 kam er selbst nach Coburg, um die Arbeiten an der Veste zu besichtigen; auch war schon im Mai desselben Jahres begonnen worden, die von den Kaiserlichen angelegte Schanze den „Fürwitz" zu demoliren. Gegen *Cronach*, welches für die an den Coburgern fortwährend ausgeübten Niederträchtigkeiten noch immer nicht gezüchtigt war, unternahm Herzog Bernhard eine dritte Belagerung, die er aber, weil die Cronacher durch die Kaiserlichen Entsatz erhielten, wieder aufgeben musste.

Im September 1634 fiel ein Croaten-Regiment in den Itzgrund, und raubte, brannte und mordete in den Dörfern. Gegen Stadt und *Veste Coburg*, die sie gleichfalls bedrohten, konnten sie jedoch nichts ausrichten, und legten dafür aufs neue mehrere Ortschaften in Asche.

Der Herzog Johann Ernst, welcher nach seines Bruders Tode wieder in Coburg regierte, war zu seiner Sicherheit bereits nach Kassel geflüchtet.

---

*) Diese Coburger Geiseln, siebenzehn an der Zahl, kehrten erst im andern Jahre aus ihrer drückenden Gefangenschaft wieder nach Coburg zurück, mit Ausnahme von drei Personen, welche fern von ihrer Heimath gestorben waren.

Im Herbst des Jahres 1634 kam der kaiserliche General von *Lamboy* nach Coburg, erpresste wiederum grosse Summen von der Stadt und nahm sein Quartier im Schlosse *Ehrenburg*. Schon Anfangs November liess *Lamboy* die ersten Anstalten zur *Belagerung der Veste* treffen, als deren *Commandant* nunmehr der *Oberst Zehm* fungirte. Diese zweite Belagerung der Veste dauerte bei weitem länger als die erste, endete aber weniger glücklich, obwohl der Feind seinen Sieg nur durch gemeinen Betrug erringen konnte. Am 23. Dezember machte die Besatzung einen Ausfall, der aber ziemlich unblutig abgelaufen zu sein scheint, obwohl man bis zur Ehrenburg vordrang. Der erwähnte Coburgische Constabler Conrad Rüger berichtet auch aus dieser Belagerung von einem kühnen Schuss, den er von der Festung aus gethan. Eines Abends, am 21. November, als General *Lamboy* in einem Zimmer der Ehrenburg soupirte, richtete Conrad Rüger seine Feldschlange von der „neuen Bastei" nach einem Fenster jenes Gemaches und der Schuss zertrümmerte die Fenstersäule, riss Leuchter und Pokal von der Tafel und soll, wie Rüger berichtet, sogar von der Lehne des Stuhls, auf welchem der General sass, ein Stück weggerissen haben. Ende Februar des J. 1635 rückten die Feinde mit ihren Belagerungsarbeiten näher an die Festung heran und am 5. März wurde ein umfangreicherer Ausfall auf den Feind unternommen, wobei die Belagerten zahlreiche Feinde tödteten und mit vielen Gefangenen in die Festung ohne erheblichen Verlust zurückkehrten. General Lamboy sann nun auf eine feige List, um die Festung in seine Gewalt zu bekommen. Am 24. März schickte er einen Boten hinauf, um den Belagerten zu melden: seine Reiter hätten einen von Eisenach kommenden Abgesandten des Herzogs Johann Ernst aufgefangen und ein Schreiben bei demselben aufgefunden, worin der Fürst den Belagerten seinen Willen zu erkennen gab, man möge die Festung aufgeben und sie nicht durch Minen ruiniren lassen. Das Schreiben, heisst es, sei aber gefälscht gewesen und das herzogliche Siegel mittelst eines nachgestochenen Petschafts darunter gesetzt worden. Aber „der Herr Commandant", wie Rüger weiter berichtet, „gab diesem falschen Schreiben grossen Glauben, obschon von vielen dawider geredet wurde, dass es Coburger Papier, und nicht wohl sein könnte, dass es von Eisenach geschickt worden wäre." Gleichviel, ob die ganze Geschichte wahr ist, ob auch der Commandant in durchaus ungerechtfertigter und tadelnswerther Weise auf den Betrug einging, — genug, es kam am 17. März eine *Kapitulation* zu Stande und die Besatzung übergab die Festung dem Feinde, der sie besetzte, aber mehrere von den Geschützen hinwegführte, um sie anderweitig zu benutzen. Den Bürgern, welche vor der Belagerung Zuflucht auf der Festung gesucht hatten, wurde bei der Uebergabe derselben aufs härteste mitgespielt und die meisten, welche mit dem Leben davon kamen, wurden doch ihrer Habe beraubt. Lamboy hatte den Oberst Ammon zum Commandanten der Veste eingesetzt.

Nach dem in demselben Jahre zwischen *Oesterreich* und *Sachsen* zu Prag vereinbarten Friedensschluss wurde sächsischerseits der Hauptmann Hans Hartmann *von Erffa* zum Commandanten der Festung eingesetzt, doch erfolgte die eigentliche *Uebergabe* erst nach mehrfachen Conflicten im März 1636, und wurde dieselbe von den Coburgern durch ein grosses Dankfest gefeiert.

Mit dem Prager Frieden endete die *kriegerische* Bestimmung der Veste, und sie erlangte seitdem nach jener Richtung hin auch keine Bedeutung wieder. Nachdem noch unter der Herrschaft des *Altenburger* Fürstenhauses an den Baulichkeiten der Veste einige Verschönerungen vorgenommen worden, verfiel sie im 18. Jahrhundert mehr und mehr. Dienten schon in früherer Zeit hie und da gewisse Räume in der Veste zur Aufnahme und Festhaltung von einzelnen Personen, die sich besonders ausgezeichneter Vergehen hatten schuldig gemacht,*) so wurde im J. 1781 das im zweiten Hofe nach der Stadt zu gelegene Gebäude, welches früher als *Zeughaus* diente, nebst den daranstossenden Nebengebäuden (die in neuester Zeit abgetragen worden sind), zu einem förmlichen *Zuchthaus*, sowie Kranken- und Irrenhaus eingerichtet.

---

*) So der Herzogin A n n a , welche 1603 auf die Veste gebracht wurde und 1613 daselbst starb (vergl. Politische Gesch. S. 9); des Kammerraths v. Z e c h (1603—1607); der, wegen Einverständnisses mit der Herzogin zu einem Fluchtversuche, ebenda gefangen gehalten wurde; des Gymnasiumsverwalters K a n e m a n n (1771—1780), welcher einen grossartigen Diebstahl an dem Vermögen des Gymnasiums verübt hatte; eines gewissen Herrn v. S c h ö n f e l d (1665) u. A. m.

Die vollständige Restauration, welche die denkwürdige Veste in neuerer Zeit erfahren hat, begann im Jahre 1838 unter dem letztverstorbenen Herzog Ernst I., und zwar mit dem im ältern Hofe liegenden Gebäude, welches der Fürstenbau genannt wird. Die Restauration wurde theilweise nach Plänen von Carl *Heideloff* unter Leitung von dessen Schüler *Görgel* begonnen, welchem im J. 1839 der jetzige *Baurath Rothbart* — ebenfalls Schüler Heideloffs — beigegeben ward. Nach dem im J. 1846 erfolgten Tode Görgels übernahm *Rothbart* allein die weitere Leitung der begonnenen Restaurationsarbeiten, mit Ausnahme des Umbaues der alten, an den Fürstenbau stossenden *Kapelle*, welche ganz neu vom Hofbaumeister *Streib* ausgeführt wurde. *Rothbart* ergänzte auch die ursprünglichen Pläne Heideloffs und nach seinen Intentionen wie unter seiner alleinigen Leitung wurden ausgeführt: Der Umbau des *östlichen* Flügels vom *Fürstenbau*, der Bau des *neuen Thurms* (über dem Eingangsthor), des *Gasthauses*, sowie die Umwandelung der Höfe, der Umbau des sogenannten *blauen Thurms* (am westlichen Endpunkt des Veste), des Gebäudes für das Naturaliencabinet, sowie der Bau der steinernen *Brücke*, an Stelle der frühern hölzernen Zugbrücke. Von der Brücke aus gelangt man durch das alte, *zweite Festungsthor*, gekrönt mit schwerer Sculptur (den Thüringer Löwen, Pulverfässern, Granaten etc.), in das finstere innere Thor, über welchem die Jahreszahl 1670 zu lesen ist. In den ersten (ältesten) Hof eingetreten, steht man gerade dem „*Fürstenbau*" gegenüber, vor welchem der alte 250 Fuss tiefe (aber nicht mehr brauchbare) Brunnen mit einem geschmackvoll von braunem Holz erbauten Brunnenhäuschen überdeckt ist. Hinter dem Brunnen führt eine Treppe zu der Gallerie des Fürstenbaues hinauf, welche bei der letzten Renovation mit einem reizenden holzgeschnitzten Geländer geziert wurde. Die Hinterwand der Gallerie wurde der ganzen Länge nach mit einem Wandgemälde von Prof. Schneider und Ferd. Rothbart, den Hochzeitszug Herzogs Casimir darstellend, geschmückt. Von dem westlichen Flügel des Fürstenbaues zieht sich eine Quermauer nach dem neuen Thurme hin; diese Mauer dürfte die ursprüngliche älteste Umfassungsmauer der Burg nach jener Seite hin gewesen sein, wo man jetzt durch ein grosses Thor in den zweiten, offenbar später erstandenen Festungshof gelangt. Dort erblickt man zunächst zur Linken das schon erwähnte alte *Zeughaus*, ein mit Eckthürmchen und gothischen Fialen bis zur Giebelspitze geschmücktes ansehnliches Gebäude, dessen innere Räume nach Entfernung des Zuchthauses und der anstossenden schlechten Häuser in sehr gefälliger Weise neu ausgebaut und zu Wohnungen (für den Inspector Rothbart, den Kastellan etc.) hergerichtet worden sind; rechts steht das zum Naturaliencabinet umgewandelte Gebäude und am Ende des Hofes das alte sogenannte „Schafhaus", unter welchem vom Hofe aus ein starkgemauerter Gang zur breiten „Bärenbastei" hinausführt und zu dem mit einem neuen schiefergedeckten Aufsatz versehenen sogenannten blauen Thurm.

Die Sehenswürdigkeiten
innerhalb der Festungsräume bestehen — ausser in den Gebäuden selbst:

1. Aus den historisch-denkwürdigen oder interessant ausgestatteten **Gemächern** des Fürstenbaues, darunter vor Allem
 das Lutherzimmer,
 das Hornzimmer,
 das Reformatorenzimmer,
 das Rosettenzimmer,
 das Marienzimmer (oder Betstube).

2. Aus den in den verschiedenen Gebäuden und Sälen aufbewahrten werthvollen **Sammlungen:**
 a) Im *Fürstenbau:* die verschiedenen Sammlungen alter Schusswaffen;
 alte Gläser, Trinkgeschirre etc.;
 der Rüst- und Waffensaal;
 alte Schlitten und fürstliche Brautwagen;
 Trophäen aus dem Sieg bei Eckernförde 1849.
 b) Im obern Theile des östlichen Flügels im Fürstenbau:
 Die Kupferstich- und Holzschnittsammlung;
 die Handschriftensammlung;
 das Münzcabinet.
 c) Im zweiten Hofe:
 Das Naturaliencabinet (hauptsächlich ornithologische Sammlung).

Die hier genannten innern Räume und darin befindlichen Sammlungen, mit Ausnahme der unter b) und c) genannten, werden dem Besucher der Veste vom *Castellan* gezeigt, zu dessen Wohnung im zweiten Hofe eine Glocke führt. Der Castellan, welcher namentlich um das verständige und geschmackvolle Arrangement in dem Waffensaal sich verdient gemacht hat, erhält für die Führung nach Belieben der Besucher; für eine oder zwei Personen sind 24—30 kr. ein gebräuchliches Honorar; bei Vereinigung mehrerer Personen wird die Grösse der Gesellschaft bestimmend sein.

Was jene Räume im „Fürstenbau" betrifft, welche durch **Luthers Aufenthalt** auf der Veste (vergl. S. 39) eine besondere Weihe und historische Bedeutung erhalten haben, so ist darüber Folgendes zu berichten: Das „*Lutherzimmer*", ein kleines nur wenig erhelltes Gemach, dürfte wohl das eigentliche *Schlafzimmer* Luthers gewesen sein. Es steht darin noch die von Luther benutzte Bettstelle, und ausserdem befinden sich auf dem mit seiner Büste geschmückten Tische mehrere aus dem Holz der Lutherbuche bei Altenstein geschnitzte Gegenstände. In neuerer Zeit muss es wiederum in Erinnerung gebracht werden, dass das eigentliche *Wohnzimmer Luthers* jener Raum in dem Fürstenbau war, der die „*Hornstube*" genannt wird, wofür vielerlei Anzeichen sprechen. Zur Feststellung dieses Umstandes ist es von Wichtigkeit, darauf hinzuweisen, dass diese sogenannte „Hornstube" ursprünglich in der Stadt, in dem Residenzschlosse „Ehrenburg" sich befand. Die kunstvolle *Holzmosaik* derselben, welche unter Johann Casimirs Regierung nach langjähriger Arbeit erst 1632 vollendet ward, ist im J. 1806 sorgfältig auseinandergenommen und auf die *Veste* gebracht worden, wo man es als Dekorirung der chemaligen Wohnstube Luthers auf's neue zusammensetzte.*) So interessant und staunenswürdig nun auch dieser die ganzen Wände nebst Decke ausfüllende Zimmerschmuck ist, welcher Scenen aus dem Jagdleben Herzog Casimirs in Holzmosaik darstellt, so hat die ganze Dekorirung doch gewiss dazu beigetragen, in *diesem* Raume die Erinnerung an *Luthers* Aufenthalt daselbst zu verwischen und die Meinung über sein eigentliches Wohnzimmer irre zu führen. In diesem „Hornzimmer" befinden sich ferner: ein interessanter Schreib- und Waschtisch, von Ernst dem

---

*) Sichere Nachricht darüber findet sich in J. A. Schultes Coburg-Saalfeldischer Landesgeschichte (Coburg, 1818).

Frommen herrührend, ein mit Elfenbein reizend ausgelegtes Schränkchen und eine dito Reiseapotheke aus der Zeit Johann Casimirs.

Im „*Reformatorenzimmer*" sind die Sprüche angebracht worden, welche Luther an die nunmehr durch die Holztäfelung überdeckte Wand seines Wohnzimmers geschrieben hatte. Seinen Namen trägt dies Gemach von den erst in neuerer Zeit darin angebrachten Bildnissen der hervorragendsten Männer der Reformation. Ausserdem befindet sich daselbst ein Gemälde der Uebergabe der Augsburgischen Confession (Copie eines alten Bildes).

Aus den andern hier genannten Räumen sind nachfolgende *Details* zu berichten:

Der *Vorsaal* (Treppenhaus) bildet die Vereinigung der beiden Flügel des Fürstenbaues, und die mit geschnitztem Holzgeländer gezierte Treppe führt durch zwei Stockwerke desselben.

Er enthält: unten ein Wandgemälde, eine Bärenscene aus alter Zeit darstellend; oben ein Portrait des dänischen Königs Christian IV. (aus dem dreissigjährigen Kriege), sowie die Bildnisse mehrerer Personen ohne besondere Bedeutung; ferner: ein paar alte Höllenmaschinen mit 22 und 50 Läufen; Hirschgeweihe, darunter das eines Sechsundvierzigenders, welcher 1730 vom Herzog Franz Josias geschossen wurde; einige Jagdspiesse und anderes Jagdgeräthe.

Der *altdeutsche Gewehrsaal* enthält eine kostbare Sammlung verschiedener Arten von *Schiesswaffen*.

Darunter: höchst interessante Musketen und Pistolen mit prachtvoller Auslegung. — Gleich links vom Eingang steht ein breites alterthümliches Büffet, auf welchem eine Sammlung altdeutschen schönen Hausgeschirrs terrassenförmig gruppirt ist. — Auf der entgegengesetzten Wand ein prachtvoller alter Schrank mit reichem Schnitzwerk und Holzmosaik. Auf den beiden Langseiten des Saals sind die Portraits (in ganzer Figur) hervorragender Kämpfer aus dem dreissigjährigen Krieg: Gustav Adolf, Tilly, Wallenstein, Herzog Bernhard von Weimar, sowie Kaiser Ferdinand II. und Herzog Johann Casimir. Die Portraits sind — mit Ausnahme des älteren Bildnisses von Gustav Adolf — vom Professor H. Schneider in Gotha, das Portrait Wallensteins von Schneider in Prag gemalt.

Das *Rosettenzimmer*, auch Rosenzimmer genannt, hat seinen Namen von den den Plafond schmückenden circa 400 aus Holz geschnitzten *Rosetten* in ebenso viel verschiedenen Formen.

Das Zimmer enthält eine schöne Sammlung alterthümlicher und zum Theil sehr kostbarer Trinkgläser, von den elegantesten bis zu den wunderlichsten Formen. Bemerkenswerth sind in dem freundlichen Gemach ferner die Glasmalereien an den Fenstern, die fürstlichen Ahnenbilder, und ein alter bunter Kachelofen. Einen besouders werthvollen Schmuck dieses Zimmers bilden die prachtvollen **Thüren** desselben.

Das *Marienzimmer* enthält vortreffliche *Holzsculpturen:* Eine Reihe **Reliefs**, welche sich ehemals in dem Klosterstift zu Mönchröden (⅝ Meilen von Coburg) befanden, und zwei massiv geschnitzte **Marienbilder**, von denen eines, ein Riemschneider'sches Werk, der alten Kirche zum heil. **Kreuz** in Coburg entnommen ist.

Der *Rüst- und Waffensaal*, im obern Stockwerk des Fürstenbaues, ist der grösste unter den Sälen, und enthält eine höchst bedeutende Sammlung alter *Rüstungen* und *Stahl- und Eisenwaffen* aus dem Mittelalter bis zum 17. Jahrhundert.

Man findet in dieser Sammlung eine sehr vollständige Vertretung aller alten Schlag- und Stosswaffen: **Piken** in den ältesten Formen, alte Schilde aus dem Hussitenkrieg und aus noch früherer Zeit, Dreschflegel aus dem Bauernkrieg, Hellebarden, Turnierschwerter, Flammberge, **Raufdegen**, ein Kurschwert etc.; das Beil, mit welchem Wilhelm von **Grumbach** hingerichtet wurde; ein Richtschwert, welches nach 101 Enthauptungen, die damit geschehen, wieder „ehrlich" geworden. Ferner: vier vollständige **Turnierrüstungen** zu Pferde, einen Harnisch des Herzogs **Bernhard von Weimar** etc. (Die Echtheit des Panzerhemdes von Thomas Münzer wird bestritten.) Die Massen verschiedener Arten **Pfeile** sind an den Wänden des Saals sehr geschmackvoll gruppirt; eine Anzahl alter Rittersporen und Pferdegebisse sind zu einem Kronleuchter kunstvoll verschlungen.

Die alte *Gewehrkammer*, im östlichen Flügel des Fürstenbaues, enthält ein paar sehr schöne *Falkonets*, sowie eine grosse Anzahl schwerer *Wallbüchsen* und alte Schiessgewehre von den ersten Anfängen des sogenannten *Schiessprügels* (noch ohne Schloss).

Gleichfalls im östlichen Flügel, und zwar mit dem Eintritt von der Holzgallerie, befinden sich noch zwei zusammenhängende Räume, in deren erstem drei alte fürstliche Brautwagen (1. vom Kurfürst *Johann Friedrich*, 1527, und 2. und 3. vom Herzog *Johann Casimir*, aus den Jahren 1586 u. 1599) aufgestellt sind; der anstossende Raum enthält eine Sammlung von 13 alten und reich verzierten *Schlitten*.

Die *Kupferstich- und Holzschnittsammlung*, Eingang von der hohen Bastei neben der Kapelle, wird nur auf besonderes Verlangen gezeigt, und hat man deshalb die Güte des Inspektor Baurath Rothbart (wohnt im 2. Festungshof links) in Anspruch zu nehmen.

Die sehr bedeutende und für Kunstkenner höchst sehenswerthe Sammlung befindet sich in drei zusammenhängenden Zimmern im obern Stockwerk des Fürstenbaues (östl. Flügel) und besteht aus mehr als 200,000 Blättern. Der Hauptinhalt der Sammlung rührt von dem im J. 1806 verstorbenen Herzog **Franz** von Coburg-Saalfeld her.

Die Veste Coburg.

Ebenda befindet sich auch eine namentlich durch den verstorbenen Prinzen Albert geförderte *Autographen-Sammlung* und ein *Münz-Cabinet*.
Die höchst geschmackvolle und praktische *Aufstellung* und *Einrichtung* der genannten Sammlungen geschah unter der Leitung *Rothbarts*.

Im westlichen Flügel des Fürstenbaues, in einer Halle zu ebener Erde desselben, befinden sich einige *Trophäen* aus dem *deutsch-dänischen Krieg* des Jahres 1849, nämlich das colossale *Gallionbild* des am 5. April bei Eckernförde zerstörten dänischen Schiffes „Christian VIII.", mehrere Waffen und Schiffsgegenstände.

Das *Naturalien-Cabinet*, im zweiten Hofe rechts, ist jeden *Mittwoch* von 9—11 und von 2—4 Uhr unentgeltlich für Jedermann geöffnet.

Wer an andern Tagen, als am Mittwoch Eintritt in das Cabinet wünscht, hat sich desshalb bei der Direction desselben (Dr. v. Schauroth) oder bei dem auf der Veste wohnenden trefflichen Conservator der Naturalien, Herrn Erhard zu melden.

Der Hauptraum dieses Museums ist von einer sehr schönen ornithologischen Sammlung — etwa 3000 Vögel aus allen Zonen — angefüllt. In den Nebensälen sind ferner: Schmetterlinge, Käfer, Reptilien, Mollusken, Polypen etc., sowie eine recht ansehnliche Petrofacten- und eine Mineralien-Sammlung. Die Sammlungen wurden angelegt von den Prinzen Ernst (jetzigem regierenden Herzog) und Albert. Nach des Letzterem Tode ist Prinz Alfred als Mitbesitzer und Mitförderer der Sammlungen eingetreten. Das Naturalien-Cabinet befand sich früher im ehemaligen Augustenstift (Ministerialgebäude); vor einem Jahre sind die Sammlungen auf die Veste geschafft worden, wo die Räume der frühern Invalidenwohnungen dafür zu einem sehr stattlichen Saal, mit Oberlicht und umgebender Gallerie, eingerichtet worden sind.

Der *Hof*, welcher zwischen dem Gebäude der Naturalien-Sammlung und dem Fürstenbaue sich befindet, dient zu einem *Bärenzwinger*.

Man gelangt zu demselben unterhalb der Gallerie des Fürstenbaues durch einen Gang.

Von Interesse sind sonst in den Festungsräumen noch die alten *Kanonen* auf der „*Bären-Bastei*" an der Westseite der Veste.

Die Kanonen dienen jetzt zu Allarmgeschützen bei Feuersbrünsten in der Stadt und dem Lande. Auf einem der Geschütze ist der theologische Streit der Flacianer durch zwei sich in den Haaren liegende Figuren travestirt. Die früher hier befindliche sogenannte „Lutherkanone" ist leider nicht mehr vorhanden.

Die *Veste Coburg* liegt südwestlich von dem bewaldeten Höhenzug der *Bausenberge* auf einem hervortretenden Vorberge derselben; sie erhebt sich (bis zur „hohen Bastei")

1410 Fuss über dem Meeresspiegel und 520 Fuss über der *Stadt.**)

Vom Mittelpunkt der Stadt (Markt) steigt man in etwa einer *halben* Stunde zur Veste hinauf durch den hinter dem Schlosse Ehrenburg und den Arkaden sich erhebenden „Hofgarten" und stehen dem Fussgänger daselbst verschiedene Wege zur Auswahl frei: 1) der alte Fahrweg, ganz links am Rande des Hofgartens, nicht schön, aber ziemlich schattig; 2) und 3) der neue Fahrweg, welcher hinter dem linken Pavillon des Hofgartens vom alten Fahrweg rechts abführt und zwar bei der Biegung nach rechts für Fussgänger zu dem Terrassenweg leitet, während die Fahrstrasse in grossem Bogen und allmähliger Erhebung bis hinauf zur Thorbrücke führt; 4) der schönere Weg ganz zur Rechten des Hofgartens durch prächtige Baumgruppen und beim kleinen Mausoleum (vergl. S. 32) vorüber; wo dieser Weg mit dem rechts ihn durchschneidenden neuen Fahrweg zusammentrifft, leitet ein kürzerer Terrassenweg direkt hinauf zu der langen Steintreppe, den sogen. hohen Staffeln. Am Fusse dieser Steintreppe vereinigen sich alle Wege, mit Ausnahme der neuen Fahrstrasse, und hat man die 131 steinernen Stufen überwunden, so schreitet man über die neue steinerne Brücke durch die beiden auf einander folgenden Thore in den ersten Burghof. Rechts im Hofe führt eine kleine Steintreppe zu dem bei der letzten Renovation der Veste neu erbauten und sehr zweckmässig eingerichteten *Gasthaus,* wo in der Wirthschaft des „Weingärtner" Barth für Kaffee, Bier und Wein, sowie für Speisen gesorgt ist.

Die **Aussichten,** welche man von den Höhepunkten der Veste hat, gewähren zwar keine ungewöhnlich *imposanten* Eindrücke, aber sie entsprechen eben dem vorwiegend *lieblichen* Charakter der weiten und ungemein anziehenden Landschaft. Das reizendste Gemälde lachender Wiesen und Felder, anmuthig gewellter und reich bewaldeter Höhen, dazwischen zahlreiche freundlich und friedlich gelegene Dörfer und Ortschaften, — diese reizenden Bilder geniesst man bereits, wenn man vor dem letzten (obersten) Absatz der 131 Steinstufen sich links wendet, und auf dem mit Bäumen und Buschwerk bepflanz-

---

*) Die Stadt Coburg liegt 890 Fuss über dem Meeresspiegel.

ten, im Frühjahr von üppigem Flieder süss duftenden *Hauptwalle* die Festung rings umgeht, bis man, unter der neuen Brücke durchschreitend, wieder zu dem letzten Stufenabsatz gelangt.

Eine weitere Fernsicht hat man oben von den *Basteien* der Veste, namentlich von der „hohen Bastei", zu der man gleich hinter dem Gasthaus nur wenige Stufen hinaufsteigt, um daselbst, an der alten herrlichen *Linde* vorbei, in die am äussersten östlichen Endpunkt der Veste befindliche breite Schiessöffnung zu treten, die durch einen kleinen hölzernen Ausbau gekennzeichnet ist.

Das Nächste, was von jenem erhabenen Standpunkt sich dem Blicke zeigt, ist der unterhalb der Festung gelegene *Pachthof*, links davon lehnt der durch Wallensteins Belagerung historisch denkwürdige „Fürwitz", hinter welchem dann die waldigen Höhen der „*Bausenberge*" aufsteigen. Ungemein anziehend ist die weite Thallandschaft, welche links von diesen Waldeshöhen vorn mit den Dörfern Kortendorf, Dörfles etc. beginnt, während dahinter der Blick über die Rosenau, links bei Mönchröden und dem spitzigen hohen Kulm vorbei, bis nach der Meiningenschen Fabrikstadt Sonneberg, am Rande des Thüringerwaldes, hinschweift. Beginnen wir von der hohen Bastei die Umsicht *im Osten*, den Blick ganz nach links gerichtet, soweit die Mauern der Festung es gestatten, so sehen wir in äusserster Ferne, in ganz matten nebelhaften Umrissen (und zwar nur bei klarer Luft) die Höhen des *Rhöngebirges*, vor welchem der Kreuzberg sich abhebt, davor, in einer Entfernung von $2^3/_4$ Meilen die kegelförmig aufsteigende Heldburg, weiter in nördlicher Richtung zunächst Schloss Callenberg ($^3/_4$ Meile), dahinter in blassem Grau die breit gewölbten beiden *Gleichberge* ($4^1/_2$ Meile). Weiter nach Norden zu werden nunmehr im äussersten Hintergrunde die Höhepunkte des *Thüringer Waldes* sichtbar, welche in nördlicher und nordöstlicher Richtung bis hinter Sonneberg in langer Kette sich hinziehn. Weiter nach Osten zu wird als letzte Hinterwand der Thüringer Wald wiederum durch das *Fichtelgebirge* und den *Frankenwald* abgelöst. Ganz in östlicher Richtung tritt der Plestner Spitzberg hervor, dann weiter nach Süden die nahe gelegenen grünen *Coburger* Höhen, Löbleinstein, Buchberg, Grüberstein und Eckardsberg; dahinter in naher Aufeinanderfolge, ganz nach Süden, die Wallfahrtskirche *Vierzehnheiligen*, der nach Westen hin schroff abfallende *Staffelberg*, dann der schöne Banzer Wald, hinter welchem die Thürme des Schlosses *Banz* hervorragen. Um sodann einen Blick über die Stadt und deren Hintergrund zu gewinnen, hat man die nach Süden gelegene sogenannte „neue Bastei" zu betreten, oder den schon vorher erwähnten *Wall* der Festung, dessen saubere Anlagen mit Blüthenbüschen und Obstbäumen schon an sich zu einem Spaziergang einladen, auf welchem fortwährend die liebliche Landschaft mit dem fernen Abschluss der blassgrauen Berge das Auge entzückt.

V. Coburg's malerische Umgegend.

Ueber den *landschaftlichen* Charakter der Coburger Gegend sind einige allgemeine Bemerkungen schon in den frühern Abschnitten dieses Buches gemacht worden. Grossartige Momente einer Gebirgslandschaft fehlen; die Stadt selbst liegt zwischen anmuthigen grünen Höhen, 890 Fuss über dem Meeresspiegel und die höchsten Punkte im Lande sind: Der Eckartsberg (ganz nahe der Stadt) 1395 F., der Buchberg 1369 F., der Gruberstein, 1336 F., der hohe Culm (bei Mönchröden) 1421 F. und der Mupperg (bei Neustadt), 1588 F. über dem Meeresspiegel. Da aber das *ganze* Land *hügelich* ist, zwischen glänzenden Wiesen und waldigen Höhen abwechselnd, während die hie und da aus dem Waldesgrün hervorragenden alten Burgen und Schlösser den Reiz der Romantik erhöhen, so bietet die Landschaft einen ausserordentlichen Reichthum reizender Spaziergänge und Gelegenheit zu ungemein zahlreichen Ausflügen.

Von den *kleinern Spaziergängen* in unmittelbarer Nähe der Stadt sind zu erwähnen:

Der *Hofgarten*, zwischen der Stadt und der Veste gelegen, mit dem kleinen Mausoleum des Herzogs Franz von Coburg-Saalfeld und seiner Gemahlin. Die schönen Parkgänge, mit zum Theil prächtigen Baumgruppen, sind erst in den letzten Jahrzehnten (mit dem Bau der Arkaden) erweitert worden und erfahren von Jahr zu Jahr neue Verschönerungen. Die Spaziergänge des Hofgartens führen bis zur Veste hinauf.

Ueber die *Veste* selbst und die verschiedenen zu ihr aufsteigenden Wege ist im vorigen Abschnitt ausführlich berichtet worden. Den *schönsten Blick auf die Veste* geniesst man, wenn man vom neuen Fahrweg sich rechts ab von der Veste wendet und, beim Pachtershof vorbei, das rechts oberhalb des Waldes sich erhebende Plateau besteigt, welches zum Rögnersberg gehört.

Ein herrliches landschaftliches Gemälde hat man vor sich, wenn man ;die *hinter dem Pachthof* liegende Höhe „*der Fürwitz*" aufsucht und von dort den Blick ins Freie nach Norden zu gewinnt, der über den Wald und die weite Ebene hinweg bis nach Sonneberg schweift.

Ein prachtvolles *landschaftliches Bild mit der Veste* hat man von der sogenannten „*Teufelskanzel*" im *Bausenberg*. Man geht dorthin ebenfalls den Pachthof vorbei und, den Wald links lassend, auf das Plateau, den Rögnersberg. In wenig Minuten hat man den oben zugespitzten Holzbau, das über dem Wald (den Bausenberg) sich erhebende trigonometrische *Signal* erreicht, wandelt wiederum am obern Rande des Waldes weiter; nach etwa fünf Minuten führt rechts eine Reihe Obstbäume und ein schmaler Waldstreifen hinab nach Rögen; dieser Weg wird aber nicht betreten, sondern man wendet sich nach links, immer am obern Waldesrand bleibend, und gelangt in wiederum fünf Minuten bis zu der Stelle, wo der Wald nach rechts hin einen starken Winkel bildet; nur etwa 100 Schritt *vor* diesem Abschnitt führt links durch das dichte Laub in den Wald hinein ein kleiner und versteckter Fusspfad, auf welchem man sofort zu dem Felsenvorsprung kommt, der einen freien Blick auf die prächtig aus der Waldeshöhe emporsteigende Veste und die dahinter sich ausbreitende Landschaft gewährt. — Dieser Blick von der „Teufelskanzel" im Bausenberg ist überaus lohnend; man erreicht diesen Punkt von der Festung aus in 20—25 Minuten, von der Stadt aus in etwa ³/₄ Stunde.

Ein anderes Gemälde von grossem landschaftlichen Reize hat man vor sich vom *Löbleinstein*, wo man aus dem Gärtchen des Gasthauses „Ziegelhütte" bei einer Flasche guten Biers einen prächtigen Blick in's Thal (über Seidmannsdorf) nach dem *Buchberg* und *Grüberstein* und den fernern Punkten Vierzehnheiligen, Staffelberg und Banzer Wald hat. Nach Löbleinstein gelangt man auf einem breiten Feldweg des vorher genannten Plateau's „Rögnersberg", und ein anderer Weg führt in einer guten halben Stunde direkt zur Stadt hinab; oder man wendet sich von Löbleinstein zum *Eckardsberg* (1395 F.), der namentlich durch einen auf der Höhe stehenden hohen *Lärchenbaum* in Gestalt eines *Kreuzes* gekennzeichnet ist, und von welchem man auf *Stadt* und *Veste* eine vollständige Aussicht hat.

Das *Palais des Prinzen Ernst von Würtemberg* nebst *grossem Park* (gegenwärtig unbewohnt und zum Verkauf stehend) ist in einer kleinen halben Stunde vom Mittelpunkt der Stadt aus erreicht. Der Weg dorthin führt beim Eisenbahnhof nach rechts vorbei; kaum fünf Minuten hinter demselben überschreitet man die Bahn und gelangt auf einem Terrassenweg zu dem Palais und zu dem hinter demselben sich üppig ausdehnenden Park. Vom Gartenplatz vor dem Palais hat man einen überaus lohnenden Blick auf die Stadt und die Landschaft nach Sonneberg zu.

Die *Kapelle* (bescheidene Wirthschaft dicht bei der Stadt) ist vom *Ketschenthor* aus, rechts über den Schiessanger, über die Itzbrücke und rechts hinauf bei der Aktienbrauerei vorüber, in kaum 10 Minuten erreicht. Beim Glase Bier geniesst man von der Stadt und Veste ein reizendes Bild, das noch bedeutender wird, wenn man oberhalb der Kapelle zu den sogenannten „Plattenäckern" hinaufsteigt.

Wüstenahorn (der Coburger sagt Wüstenmahrn), eine halbe Stunde von Coburg, vor dem Ketschenthor, links bei der Aktienbrauerei vorüber. Herrschaftliche Besitzung und freundliches Dorf; idyllisch gelegen und auch wegen der *sehr guten* Wirthschaft (Büttner) von Coburgern viel besucht.

Nach *Ketschendorf*, Gasthaus von Ehrlicher, mit sehr angenehmem Kaffeegarten, gelangt man ebenfalls vom Ketschenthor aus, aber links ab sich wendend, in 20—25 Minuten. Von Ketschendorf aus besteigt man in einer guten halben Stunde den Buchberg und weiter den Gruberstein.

Die etwas weitern Spaziergänge nach den herzoglichen Schlössern *Callenberg* und *Rosenau* werden von Fremden (zu Wagen) häufig mit einander verbunden und selbst der Besuch der Veste noch damit vereinigt. Man fährt dann Morgens nach dem Callenberg ($^3/_4$ Stunde), von dort nach der in ziemlich abweichender Richtung gelegenen Rosenau (in $1^1/_2$ Stunden), isst dort zu Mittag und fährt Nachmittags oder gegen Abend durch den Bausenberg zur Veste hinauf.

Wessen Zeit aber nicht allzuknapp gemessen ist, thut besser, die drei Ausflüge, von denen jeder an sich *sehr* lohnend ist, von einander zu trennen und höchstens die

Rosenau mit einem Besuch der Veste zu verbinden, angenommen, dass man die Veste schon früher für sich besonders mit aller Ruhe und Gründlichkeit in Augenschein genommen hat, denn der Rückweg von der Rosenau über die Veste nach der Stadt geschieht hauptsächlich wegen des herrlichen Waldweges.

Zum **Callenberg,** herzogl. Schloss und im Sommer besonderer Lieblingsaufenthalt der Frau *Herzogin*, geht man am angenehmsten über den Prinz Würtemberg'schen Garten in etwa 1¼ Stunde, ohne den Aufenthalt, den auf diesem Wege der Besuch der Fasanerie und der kleinen zoologischen Sammlung verursacht. Diese in einem abgeschlossenen Hofe befindliche Thiersammlung, welche von Jedem gegen ein geringes Entrée (3 kr.) zu besichtigen ist, enthält einige sehr schöne Geier, Adler etc., ein paar Fischottern, einen Wolf, eine Hyäne, eine erst unlängst in der Nähe von Coburg (bei Mönchröden) gefangene wilde Katze u. dgl. m. Vom Thiergarten steigt man, auf dem durch den Park führenden breiten Wege, langsam in etwa 10 Minuten zum *Gasthaus* (Jakobi) hinauf. Der Platz vor demselben gewährt leider keine Aussicht in's Freie, sondern wird dieselbe durch die Mauerbegrenzung des Hofes beschränkt. — Die alte Bergveste *Calenberg* oder *Calwenberg* war der Stammsitz einer gräflichen Familie dieses Namens. Später im Besitze der Grafen von Henneberg besass es die Familie v. Sternberg als Lehen, bis es Ende des 16. Jahrhunderts nach deren Aussterben an die „Pflege Coburg" kam. Nach mehrfach wechselndem Besitz ist es zuletzt bei der Vereinigung Coburgs mit Gotha (1826) von Meiningen wieder an Coburg zurückgegeben worden. Die letzten Neubauten des Schlosses wurden unter Leitung Rothbarts ausgeführt. — Herrlich ist der Blick auf die Landschaft von der obern mit reizenden Gartenanlagen geschmückten Terrasse des Schlosses, sowie von dem Balkonzimmer der Frau Herzogin. In den innern Gemächern des Schlosses fallen besonders einige Jagdtrophäen (prächtige Hirschgeweihe etc.) in's Auge. Zu erwähnen sind ferner der Burghof mit gusseisernem Treppenhaus und die schön restaurirte *Kapelle* des Schlosses. — Der Wildpark und die üppigen Waldungen bilden den dunkeln Hintergrund des freundlichen Wohnsitzes; und unterhalb des Schlosses nach der Ebene zu liegt die vor drei Jahren erbaute und eingerichtete herzogliche „*Muster-Farm*", deren Besuch den Freunden der Landwirthschaft freisteht.

Den *Rückweg* vom *Callenberg* kann man, durch das Parkthor auf die Landstrasse tretend, über *Neuses* nehmen, ein freundlich gelegenes Dorf, in welchem der edle Dichtergreis *Friedrich Rückert* wohnt. Das vom dichten Grün umrankte Häuschen desselben liegt unweit der Kirche des Orts neben dem Flüsschen Lauter. Auf der andern Seite der Landstrasse auf einem von dunkelm Laub eingeschlossenen und tief beschatteten Platze steht ein Denkstein für den zu Coburg verstorbenen Dichter *Thümmel*. Unterhalb der in den Obelisk eingegrabenen Hieroglyphen befindet sich die Inschrift: „Hier ruht Moritz August von Thümmel, geb. zu Schönfeld bei Leipzig den 27. Mai 1738, gest. zu Coburg den 26. Oktober 1817." Auf den andern drei Seiten des Säulenfusses stehen einige Sätze Thümmel'scher Lebensweisheit in Versen, darunter folgende Strophe:

Dem Menschen fiel das Loos, mit ungewissem Schritt
Durch eine Nacht zu gehn, wo wenig Sterne glänzen.
Vielleicht, dass einst auch ihr der Tag entgegen tritt.
Er nehme dies Vielleicht bis an die äussern Grenzen
Des Lebens zum Gefährten mit.

In *Neuses* ist ein besuchtes Gasthaus (von Buchhold) mit Garten und Kegelbahn.

Nach **Rosenau** (von dort nach Lauterburg, Mönchröden etc.) gelangt man am schnellsten (in einer halben Stunde) mittelst der nach Sonneberg führenden Zweig-Eisenbahn. Von der ersten Station derselben, *Oeslau* (¼ St.), hat man zwischen breiten Wiesenflächen und schönem Laubholz nur noch eine Viertelstunde bis zur *Wirthschaft* der Rosenau zu gehen. Die Landstrasse führt über Cortendorf und Dörfles bei der Schweizerei (Oekonomiegebäude) vorüber; von Dörfles ab führt auch ein näherer Weg, bei Esbach vorbei, gerade zum Wirthshaus. — Das Schloss *Rosenau* war ehemals eine alte Burgveste, von der wir zuerst, als einer Besitzung der *Herren von Rosenau*, aus dem 15. Jahrhundert Kunde erhalten. Heinrich von Rosenau verkaufte das Schloss im J. 1704 an den Hofrath von Pernau zu Coburg, von dem es späterhin Herzog Friedrich von Gotha käuflich an sich brachte, bis es wieder 1804 das Coburgische Fürstenhaus erwarb. In seinem bescheidenen Styl entspricht der Charakter dieses Schlosses der ungemein anmuthigen Landschaft, von der es rings umgeben ist. In südwestlicher Richtung sieht man die *Veste* Coburg hinter dem Bausenberg hervorragen, nach Nordost erblickt man zunächst den bei Mönchröden liegenden „hohen Culm" und nach Norden die Ruine *Lauterburg*, dahinter die ferne Landschaft der blauen Bergeshöhen des Thüringer Waldes. Im Schlosse *Rosenau* ward im Jahre 1819 Prinz *Albert* geboren und die Königin *Victoria* von England wählt mit Vorliebe diesen Ort zu ihrem Sommeraufenthalt. — In dem Wirthschaftsgebäude der Rosenau (Terks) erhält man gute Speisen und Getränke, gewöhnlich vortreffliche Forellen. Sonntags finden sich daselbst viele Coburger als Mittagsgäste ein. Gegen Abend nimmt man den Rückweg gern zu Fuss über den waldigen *Bausenberg* (bis zur Veste hinauf in mässigem Marschschritt in ⅝ St.). Man geht von der Rosenau den laubbeschatteten Weg bis zur „Schweizerei", dann bis zur Kreuzung der nach Oeslau, Rosenau, Coburg und *Waldsachsen* führenden Strassen *letztere*, welche man einzuschlagen hat, wendet sich bald nach links über die Eisenbahn hinweg dem Walde zu. Ueber die zweite Brücke nach rechts gelangt man sodann zum Bausenberg, durch den eine gute Fahrstrasse bis zur Veste hinaufführt.

Zur *Lauterburg* geht man von der Rosenau vom nördlichen Ausgange des Parks über Unter- und Ober-Wohlsbach in einer guten halben Stunde bis zur Höhe des Berges, auf welchem die Ruine steht. Die ehemalige Lauterburg war im 15. Jahrhundert ein Lehen der Herren von Lichtenstein. Vieljährige Streitigkeiten wegen des Besitzes der Lauterburg bestanden im vorigen Jahrhundert zwischen Gotha und Meiningen, bis endlich 1743 auch Coburg den streitenden Parteien sich beigesellte. An Stelle des alten Schlosses, von welchem wohl nur noch einige Gewölbereste vorhanden, liess 1706 der Herzog von Meiningen ein neues Gebäude aufführen. Dasselbe wurde aber während des erneuten Processes mit Gotha von letzterer Regierung demolirt und es stehen jetzt nur noch einige hoch emporragende Mauerseiten, deren Sturz nahe bevorzustehen scheint.

Hinter der Lauterburg ziehen sich schöne Wälder nach Mittelberg, Weissenbrunn, Schalkau etc.

Ein anderer schöner Ausflug von der Rosenau ist nach

Mönchröden (für Fussgänger nur eine halbe St.), wo namentlich der umfangreiche Thierpark mit zahlreichen wilden Schweinen eines Besuches werth ist. Von Mönchröden führt die Bahn weiter über das Coburgische Städtchen *Neustadt* (wo man vom Mupperg eine schöne Aussicht geniesst) nach der jetzt Meiningen'schen Stadt *Sonneberg* (5600 Einw.), welche in langer schmaler Linie zwischen den waldigen Höhen sich hinzieht. Der Haupterwerb der Sonneberger ist die Fabrikation von *Spielwaaren.*

Unter den auf Coburgischem Gebiet liegenden alten Schlössern ist besonders noch der *Hohenstein* von romantischem Reiz. Der Weg dorthin führt über das höchst malerisch gelegene Kirchdorf *Ahorn,* welches man entweder auf den von der Strasse nach Wüstenahorn links ab führenden Feldwegen (über die „hohe Fichte") erreicht, oder auf der direkten Fahrstrasse, welche von dem nach Lichtenfels führenden Schienenweg rechts hinauf beim „steinernen Tisch" vorbei führt; von Ahorn (³/₄ St. von Coburg) gelangt man durch den jenseits des Ortes liegenden *Wald* in ³/₄ St. anf den Hohenstein, dessen breite Dächer nur um weniges über den Wald emporragen. — Die alte Bergveste *Hohenstein* gehörte in frühern Zeiten den Grafen von Henneberg, welche daselbst einen „Burgmann" einsetzten. Seit Mitte des 15. Jahrhunderts besass die Familie v. Lichtenstein das Schloss als fortwährendes Burglehen. Seit 1653 wechselten häufig die Besitzer, bis das Schloss im J. 1763 der Herzogl. Braunschw. Gen.-Lieutn. v. *Imhof* erkaufte, und dasselbe zu einem Majoratsgut machte, als welches es noch bis heute den v. Imhofs angehört.

Ein sehr angenehmer Spaziergang, zum Theil der Weg nach Ahorn, führt am schönen Waldesrand nach *Finkenau,* wo man im Gärtchen vor dem Wirthshaus angenehm Rast halten kann.

Schloss Banz, sowie die mit einem Ausfluge dorthin in Verbindung stehenden Punkte *Staffelberg* u. *Vierzehnheiligen,* nebst dem Stationsort *Lichtenfels,* werden zwar durch die politischen Grenzen von Coburg getrennt, aber an dieser Stelle wird ein Uebergriff in das *baierische* Gebiet gerechtfertigt erscheinen, indem das *Schloss Banz* erstens unter den schönsten Punkten *Oberfrankens* in erster Reihe steht, und weil es ausserdem von Coburg aus in so kurzer Zeit zu erreichen ist, dass Jedem, dem für seinen Aufenthalt in Coburg einige Tage gegönnt sind, der Ausflug nach Banz auf's dringendste anempfohlen werden muss. Für die Partie nach Banz genügt ein halber oder ein ganzer Tag, je nachdem man sich mit Banz und Vierzehnheiligen allein begenügen, oder auch noch dem *Staffelberg* einen Besuch machen will.

Für gute **Fussgänger** führt der Weg nach Banz über Ketschendorf, Creidlitz nach **Unterfüllbach** (anmuthig gelegener Ort, in welchem u. A. auch König Leopold von Belgien eine Besitzung hat); von dort über **Obersiemau** nach dem Banzer Wald. Dieser Weg, von Coburg bis hinauf zum Schlosse, ist zu Fuss in etwa 3½ Stunde zu machen, doch thut man gut, dafür die frühesten Morgenstunden zu wählen, indem man bis zum Rande des Banzer Waldes nur wenig Schatten geniesst. Wem die **ganze** Fusspartie bedenklich ist, kann sie durch Benutzung der **Eisenbahn** bis **Lichtenfels** oder **Staffelstein** sich erleichtern. Von jedem der beiden Orte ist Schloss Banz in einer guten Stunde zu erreichen. Schon von Lichtenfels aus sieht man das imposante Schloss auf der Höhe des prächtigen Banzer Waldes emporragen. Bei dem kleinen Orte **Hausen** (Porzellanfabrik) lässt man sich über den Main setzen und kann von dort bald einen schattigen Fusspfad einschlagen, der durch den Wald zur Höhe hinaufführt.

Da die Leibesverpflegung oben in der Schenkwirthschaft des Banzer Schlosses — obwohl daselbst sich eine Pfarrei befindet — eine sehr dürftige ist, so wird man gut thun, sich zuvor in **Lichtenfels** zu restauriren (und zwar bei weitem am besten in der dortigen Bahnhofs-Restauration von Moulin), oder **nach** dem Besuche des Banzer Schlosses in **Staffelstein** (Gasthof zum grünen Baum) ein Mittagsmahl einzunehmen.

Das *Schloss Banz* in seiner frühern Gestalt existirte schon zur Zeit der Gaugrafen und in urkundlichen Nachrichten des Jahres 1058 wird das *Kloster* Banz erwähnt.*) In der ersten Hälfte des 14. Jahrhunderts hatte Conrad von Redwitz als *Abt* des Klosters die Gebäude sehr erweitert und verschönert; aber die hervorragendsten Theile derselben, die ganz im Renaissancestyl gehaltene neue Abtei, die Kirche u. s. w. wurden erst gegen Ende des 17. Jahrhunderts (seit 1677) durch den Abt Otto de la Bourde, spätern Fürstbischof in Kärnthen, aufgeführt. Weitere Verschönerungen erhielt das Gebäude im J. 1731. Eine interessante Epoche aus der *Geschichte* des Klosters sind die Streitigkeiten und Kämpfe, welche wegen desselben in der zweiten Hälfte des 16. Jahrhunderts zwischen den Bischöfen zu Würzburg und Bamberg und den *Coburgern* entstanden, indem der Abt des Klosters dem Fürstbischof

---

*) Geschichte und Beschreibung des Schlosses Banz. Von Dr. Carl Theodori. (München. 1857.)

zu Bamberg nicht das von diesem beanspruchte *Schutzherrnrecht* anerkennen wollte und zu seiner Vertheidigung die Hilfe des Herzogs von *Coburg* in Anspruch nahm, der dann mit den Mannschaften des Bamberger wie des Würzburger Bischofs mehrfache Kämpfe zu bestehen hatte. Nachdem jener Abt, Georg Truchsess von Henneberg, endlich nicht allein seine Würde als Abt niedergelegt hatte, sondern auch zur *lutherischen* Religion übergetreten war, blieb das Kloster einige Zeit unter weltlicher Herrschaft, bis im J. 1574 ein neuer Abt wieder eingesetzt ward. Im J. 1803 wurde das *Kloster Banz* aufgehoben und von der bairischen Regierung in Besitz genommen. Im J. 1813 kaufte Herzog Wilhelm von Baiern das Schloss und die Klostergebäude, und wurde daselbst eine Klosterpfarrei organisirt. Im J. 1834 ging das Schloss in den Besitz eines Enkels Herzog Wilhelm's, des *Herzogs Maximilian von Bayern* über, dem es noch jetzt gehört. Das bis zum J. 1851 bestandene herzogliche *Rentamt* wurde in dem genannten Jahre aufgelöst und dafür eine Domainen-Verwaltung eingeführt.

Schon Herzog Wilhelm von Baiern hatte in den colossalen Schloss- und Klostergebäuden mehrere Neu- und Umbaue ausgeführt, namentlich wurden die innern Räume des Abt- und Conventbaues zu bequemen Wohnungen eingerichtet, indem Herzog Wilhelm Schloss Banz zu seinem Sommersitz ausersehen hatte. Zu den von ihm ausgeführten bedeutenderen Renovationen des Schlosses gehört der innere Ausbau des sogenannten „Hungerbaues"; dieser nach Norden gelegene Seitenbau ward im J. 1772, als eine grosse Hungersnoth herrschte, unternommen, um den Leuten Beschäftigung zu geben, blieb aber damals unvollendet.

Das alte Inventar des Klosters wurde nach der Säcularisirung weggeschafft, die Bibliothek kam theils nach München, theils nach Bamberg, die Münzsammlung nach München. Dagegen ist die Naturaliensammlung dem Kloster verblieben und sind die darin enthaltenen *Petrefacten* zu einer der grossartigsten Sammlungen dieser Art angewachsen. Sie befindet sich im ersten Stockwerk des Abtei-Baues und der Inhalt derselben ist in seinen Hauptbestandtheilen dem Boden der Umgegend von Banz selbst entnommen. Die Vegetabilien sind in den Versteinerungen nur gering vertreten, desto reicher die verschiedenen Gattungen aus dem Thierreich, unter diesen sehr zahlreiche Ichthyosaurus-Scelette, Plesiosaurus-Wirbel, und u. A. der sieben Fuss lange Kopf eines Ichthyosaurus trigonodon.

Die Kirche lässt in ihrem Innern ganz den Geschmack der Renaissance-Zeit und die Ausartung desselben in dem übertriebenen Ausputz, mit welchem diese Kirchen überladen zu sein pflegen, erkennen; überall Vergoldungen, bunte Malereien an den Deckengewölben, Altären etc.; vom Hochaltar erheben sich vergoldete Säulen zu einer Wolkendecoration, und einbalsamirte Heilige sind mit Gold und Flitterwerk ausgestattet.

Die ganze Häusermasse des Schlosses und der Abtei gewährt in den grossartigen Dimensionen der hervorragenden Theile von verschiedenen Standpunkten aus einen wahrhaft *imposanten* Anblick, sowohl unten vom Main aus, wie auch oben von verschiedenen Seiten des Waldes, der bis zu einer Höhe von 500 F. aus dem Thale sich erhebt. Der Glanzpunkt des Ganzen ist der Blick von der sogen. *Terrasse,* welche an der südöstlichen Seite des Schlosses frei hervortritt und einen herrlichen Anblick des *Mainthales* gewährt. Banz gegenüber, etwas weiter östlich, erblickt man zunächst *Vierzehnheiligen,* eine berühmte *Wallfahrtskirche,* welcher man auf dem Rückwege nach Lichtenfels einen kurzen Besuch abstatten kann; doch bietet sie eben kein besonderes Interesse, will man nicht einen der trubulösen Hauptwallfahrtstage benutzen (an den Festtagen von Christi Himmelfahrt und Peter und Paul), an denen die Gegend von vielen Tausenden Wallfahrern wimmelt. Die erste Gründung der Wallfahrts-Kapelle geschah hier durch das Stift Langheim im J. 1447, und zwar in Folge wunderbarer Erscheinungen, welche hier einem Schäfer zu Theil wurden. Der Bau der jetzigen Kirche ward aber erst 1743 unternommen und 1772 zu Ende geführt. Eine bedeutende Renovation derselben musste in neuerer Zeit in Folge eines grossen Brandes, von dem die Kirche 1835 betroffen wurde, vorgenommen werden.*)

Weiter westlich, zwischen Vierzehnheiligen und Staffelstein erhebt sich der *Staffelberg,* der in einer guten Stunde zu besteigen ist und eine der grossartigsten Aussichten

---

*) Die Legende von der Entstehung der Wallfahrtskapelle und die Geschichte des spätern Kirchenbaues erzählt eine kleine Broschüre, welche die Mönche am Orte selbst für einige Kreuzer verkaufen.

gewährt. Wem an solcher Erweiterung der Aussicht weniger gelegen ist oder wer nicht vielleicht die Bekanntschaft des Eremiten, in der Nähe der auf dem Rücken des Berges stehenden Kapelle, machen will, kann sich auch von der Banzer *Terrasse* aus an dem interessanten Profil des Staffelberges erfreuen, der — von Osten nach Westen allmälig und ohne Unterbrechung aufsteigend — dann vom Höhepunkte plötzlich schroff abfällt. Unter den nächst dem Staffelberg hervorragenden Höhen machen sich der „*alte Staffelberg*" und der Spitzberg bemerkbar. Ganz nach Westen hin erblickt man in weitester Ferne die Altenburg bei Bamberg, und von der nordöstlichen Seite der Terrasse schweift der Blick nach der *Coburger* Gegend, vergeblich aber nach der *Veste Coburg* suchend, welche durch den Banzberg gedeckt ist. Dieser Umstand mag um so mehr das Heimweh rechtfertigen, das uns schliesslich von dem fernsten Ziele unserer Coburger Ausflüge wieder nach dem behaglichen Ausgangspunkte dieser Wanderungen, nach dem alten, traulichen Coburg zurückführt.

Namen- und Sachregister.

	Seite
Ahorn	63
Albert, Prinz	18, 34—36
Albertinische Linie	5
Albrecht, Herzog	14, 31
Alfred, Prinz	18
Altenburg	11—13, 47
Altringer	43
Anna, Herzogin	9, 10
Apotheken	23
Arkaden	32
August, Herz. v. Gotha-Altenb.	17
August, Kurfürst	8
Augustenstift	21
Autographensammlung	53
Badeanstalten	23
Bank, Coburg-Gothaische	21
Bankiers	23
Banz	63—66
Bausenberg	55, 58, 62
Bernhard v. Weimar	43, 45
Berthold, Fürst v. Henneberg	3
Bierbrauerei (Actien-Ges.)	21, 24
Bierhäuser	22
Buchberg	57, 59
Buchdruckereien	23
Buchhandlungen	23
Callenberg	59—61
Casimir, Herzog Joh.	9—11, 26, 28
Christian Ernst Herz. v. Saalfeld	15
Coburg, Grösse u. Bevölkerung	19
„ Lage, Character, Industrie	24
Culm, der hohe	57
Dreissigjähr. Krieg	11, 12, 42—47
Düring, Pfarrer	6
Eberhard von Würtemberg	3
Eckardsberg	57, 58
Ehrenburg	6, 30
Erffa, v., Commandant	47
Ernestinische Linie	5
Ernst, Kurfürst	4, 5
Ernst der Fromme	13, 14
Ernst Friedrich	15
Ernst I. v. Coburg-Gotha	17
Ernst II.	18
Finkenau	63
Franz, Herzog	15, 16
Franz Josias, Herzog	15
Freimaurer-Loge	22
Friedrich Markgraf zu Meissen	3, 4
Friedrich der Streitbare	4
Friedrich der Sanftmüthige	4

	Seite
Friedrich der Weise	5
Friedrich I.	14
Friedrich IV. v. Gotha u. Altenb.	17
Friedrich Josias, Prinz	15, 34
Fürwitz	44, 45, 55, 58
Gasanstalt	21
Gerhard, Bischof	4
Gewehrsammlung	51, 52
Grabmonument des Herz. Franz	32
Gruberstein	57, 59
Grumbachische Händel	8
Gymnasium	21
Hausen	64
Heinrich, Fürst v. Henneberg	2, 3
Heinrich von Schwarzburg	4
Heldburg	2
Henneberg, Grafen von	2, 39
Hofgarten	32, 57
Hohenstein	63
Holzschnittsammlung	52
Hornstube	32, 50
Hôtels	22
Jean Paul in Coburg	34
Johann der Beständige	5
Johann Friedrich d. Grossmüthige	5, 6, 7, 26
Johann Friedr. d. Mittlere	7, 26, 28
Johann Ernst, Herzog	5—7
Johann Ernst von Eisenach	9, 11
Johann Ernst von Saalfeld	14, 15
Johann Wilhelm	7, 8
Jutta von Henneberg	2, 3, 39
Kaffeehäuser	22
Kapelle	59
Katharina von Henneberg	4, 39
Katholische Kirche	32
Ketschendorf	59
Kirchen	27, 32
Krankenhaus	21
Kretschmann	15, 16
Kreisgericht	21
Heil. Kreuzkirche	32
Kupferstichsammlung	22, 52
Lamboy, General	11, 46, 47
Landrathsamt	21
Lauterburg	62
Leselokale	23
Lichtenfels	64
Lichtenstein, Ulrich v.	10
Löbleinstein	58
Luther	6, 39—41, 50
Mausoleum	33

	Seite
Mönchröden	27, 63
Morizkirche	27
Münzcabinet	53
Mupperg	57, 63
Naturalien-Kabinet	53
Orlagau	1
Polizeibureau	20
Postamt	20
Rathhaus	25
Reformation	6, 7, 39—41
Regierungsgebäude	21, 28
Reithalle	32
Restitutionsedict	11
Richza	2
Riesensaal	32
Rosenau	61
Rückert's Wohnsitz	61
Rüger, Conrad	44, 46
Saalfeld	2
Schlösschen	34
Schröder-Devrient †	34
Schützengesellschaft	22
Sigismund, Herzog	4

	Seite
Sonneberg	63
Sparkasse, städt.	21
Staffelstein	64
Staffelberg	66
Statue Herzogs Ernst I.	34
Statue des Prinzen Albert	34—36
Taubadel, schwed. Oberst	11, 43
Telegraphenamt	20
Teufelskanzel	58
Theater	21, 32
Thümmels Grab	61
Unterfüllbach	64
Veste Coburg	10, 11, 37—56, 57, 58
Vierzehnheiligen	66
Wallenstein's Belagerung	43
Werra-Eisenbahn	20
Würtemberg, Pal. d. Pr. Ernst v.	59
Wüstenahorn	59
Zech	47
Zehm	46
Zeughaus	26, 47
Ziegelhütte	59
Zuchthaus	47

Anhang:
Annoncen.

Th. Herold im Theater
empfiehlt
sein reichhaltiges **Weinlager**, verbunden mit elegantem **Frühstücks-Salon**, **Delicatessen** und warmen **Speisen** jederzeit. Preise billig.

Coburg.
Hôtel Belle Vue,
verbunden mit
Restauration, Café, Wein- und Bierhalle,

vis à vis der *herzogl. Residenz* und dem *Theater*, empfiehlt sich durch seine auf's Neueste, Comfortabelste und mit Telegraph eingerichteten Zimmer mit schönster Aussicht nach der Veste Coburg, *gute Küche, vorzügliche Weine, prompte Bedienung* und *billigste Preise*. **Table d'hote 1 Uhr**, Diners à p., sowie à la carte zu jeder Tageszeit. Eigene Droschke zu jedem Zuge am Bahnhof, sowie elegante Equipagen im Hause.
Grau & Bergner.

F. H. Ernesti,
Friseur in Coburg,
Bez. IV. Nr. 6 Steingasse neben der Riemann'schen Hofbuchhandlung,

empfiehlt sein Geschäft unter Zusicherung der besten Bedienung, hält Lager von **deutschen, französischen** und **englischen Parfümerien**, und von sonstigen **Toilettegegenständen** zum billigsten Preise.

Von feinen **Cigarren** im Preise von fl. 20 bis fl. 300 pro mille, halten stets grosses Lager
Chrn. Beer & Comp.

Die Flaschen-Enveloppes-Fabrik
von Chrn. Beer in Coburg
liefert alle Sorten **Flaschen-Ueberzieher** für Weinhandlungen, Bierbrauereien und Liqueurfabriken zu den billigsten Preisen.

I. G. Gattineau & Sohn,
Hof-Photographen in Coburg,
Atelier neben der herzogl. Reithalle links,
empfehlen sich im Anfertigen von Photographieen in allen beliebigen Grössen, bis zur Lebensgrösse, sowohl schwarz als auch in Farben, in feinster Ausführung, Aufnahme von Gebäuden, Landschaften, Meubeln etc., Copieen von Gemälden, Kupferstichen, Photographieen und Daguerreotypen werden auf's Vollkommenste und billig hergestellt.

F. A. Heyn in Coburg (Spitalgasse)
unterhält fortwährend vollständiges Lager von Sonneberger, Nürnberger, Sächsischen, Tyroler und Waltershäuser Spielwaaren,
Stereoscope mit Ansichten von *Coburg* und *Umgebung, Thüringen, Schweiz, Rhein etc.*,
Aecht Cölnisches Wasser von *Joh. Maria Farina* gegenüber dem Jülichsplatz,
Toilettenseifen von *Mouson & Co.* und **Haaröle**, sowie verschiedener Artikel, welche sich zu Geschenken für Herren und Damen eignen.

Hôtel Leuthäuser
(I. Ranges)
hat eine zeitgemässe Einrichtung und erfreut sich der ausgebreitetsten Empfehlungen.
Equipagen im Hause und am Bahnhof.
Besitzer: **Adam Leuthäuser.**

Louis Wiegk,

| **Cabinet** zum Haarschneiden und **Frisiren.** | Herzogl. Hoftheater-Friseur und Hoflieferant in Coburg, Herrngasse, Bez. III. 75. | **Parfümerie,** engl., franz. und deutsches Fabrikat. Grosses Lager von Toilettegegenständen aller Art. |

Neben prompter Besorgung aller Aufträge sichere ich bei feiner und dauerhafter Arbeit billigste Preise zu.

Schaffner's Restauration
bestehend seit dem Jahre 1811.
Bezirk VI. Nr. 97.

empfiehlt seine deutschen und ausländischen Weine, en gros u. en detail. Warme und kalte Speisen, Delicatessen, zu jeder Tageszeit. Café Mittags, diverse Zeitungen, Marmorbahn, Billard. Rasche und reelle Bedienung.

W. Schaffner,
Bierbrauer,
Bezirk VI. Nr. 97.
empfiehlt sein
Bierexportgeschäft.

Die **städtische Badeanstalt** am Hahnfluss, Bademeister und Pächter der Anstalt **M. Ziegenfelder**, Chirurg. Neu eingerichtet. Unter Beobachtung der grössten Reinlichkeit wird hier alles geboten, was nur irgend zur Bequemlichkeit der Badenden gehört. Alle Sorten *Mineralwasser*, *Wein* und *Bier*, eine feine *Cigarre*. Alle Sorten *Parfümerien* und *Toilettegegenstände*. Kalte und warme *Bäder*, *Douche-*, *Fichtennadel-* und *Schwefelbäder*, sowie *russische Dampfbäder* werden bereitet. Preise billig.

M. Ziegenfelder,
Steinweg VII, 119 und 120.

empfiehlt sein **Barbier-** und **Haarschneidecabinet,** verbunden mit *Parfümerien-* und *chirurgischer Bandagen-Handlung.* Prompte Bedienung wird zugesichert.

Die
Photographische Anstalt
von H. v. Sicherer
bei Culmbacher Meier vor dem Judenthor.

empfiehlt sich zur Anfertigung von **Visitenkarten-** und **Gruppen-Bildern** sowie **Portraits** in jeder Grösse mit und ohne Retouche. —

Medaillons etc. auf Elfenbein und Porzellan.
Reproductionen und Vergrösserungen von Gemälden, Photographien und Daguerreotypien.
Aufnahmen von Gebäuden und Kunstgegenständen.
Musterkarten jeder Art für Fabrikanten und Manufacturisten.
Billige Preise und vorzügliche Apparate.
English spoken. On parle français.

ESCHERICH & CO.
Herzogl. Hoflieferanten
Steinweg Bez. VII, 42.

Fabrik und Lager der feinsten *Filz- und Seiden-Hüte* sowie aller in dieses Fach einschlagenden Artikel.

I. W. Lang
empfiehlt seinen guteingerichteten
Gasthof zum goldenen Anker
in Coburg, Rosengasse, Bez. I. Nr. 33,
allen resp. Reisenden bestens. *Guten Weine und ausgezeichnetes selbstgebrautes Bier.*

Guten Mittagstisch.   Eigene Equipage.

K. Ehrlich in Coburg,

Spitalgasse Nr. 24,

empfiehlt sein Lager in

Seide, Tuch- und Mode-Waaren.

Reelle, billige und aufmerksame Bedienung.

ERNST WEIDMANN,
Drechslermeister,

Coburg. Steingasse, Bez. IV. Nr. 9,

hält stets Lager fertiger **Drechslerwaaren**, als: Pfeifenrohre, Spazierstöcke, Wiener Meerschaumpfeifen und Spitzen, gepresste Hornwaaren, Horndosen, Trinkhörner, Pulverhörner und sonstige Jagdutensilien, sowie deutsche und französische Kurzwaaren, Gummischuhe.

Grosses Lager von *Sonn-* und *Regenschirmen* in Seide, Alpacca und Baumwolle, auch werden alle vorkommenden *Drechslerarbeiten*, so wie *Schirmreparaturen* in seiner Werkstätte auf Bestellung schnell und billig geliefert.

S. Königer,
Gold- und Silberarbeiter und Zahntechniker

am Steinweg

hält stets Lager von **Gold-** und **Silberwaaren** in den neuesten Dessins zu billigen Preisen. Verfertigt **künstliche Gebisse** und besorgt deren Reparatur schnell und dauerhaft.

Hugo Strasser,
Mechaniker und Optiker

am Albertsplatz,

hält stets vollständiges Lager von **optischen Gegenständen, Barometern** und **Thermometern,** liefert naturwissenschaftliche Apparate zur Anwendung für Belehrung, Physiologie, Technik und empfiehlt sein Geschäft mit Zusicherung reeller Bedienung.

ALBERT HALBIG,
Uhrmacher in Coburg,
Herrengasse, nächst dem Schloss.

Grosses Lager goldener und silberner **Anker-** und **Cylinder-Uhren, Pariser Pendules** in Bronçe und Composition, **Regulateure** und alle Sorten **Schwarzwälder Uhren.** Reparaturen solid und billig.

COBURG.
Gasthof zum grünen Baum.
Besitzer: **H. Hartdegen,**
früher Pächter des Hôtel garni in Nürnberg.

Liegt am Markte in der Nähe der Residenz, des Theaters und der Post, hat 30 neu und bequem eingerichtete Zimmer, bekannte ausgezeichnete Küche, rein gehaltene gute Weine und neben der aufmerksamsten Bedienung findet man billige Preise, deshalb dem reisenden Publikum besonders zu empfehlen. Table d'hôte um 1 Uhr, sowie Diner à part zu jeder Tageszeit. Eigener Omnibus am Bahnhofe.

Gleichzeitig erlaube ich mir mein reichhaltiges **Wein-Lager** dem hiesigen verehrlichen Publikum angelegentlichst zu empfehlen und sichere reelle Bedienung zu. Bei Abnahme von grösseren Particen kann ich eine Preisermässigung von 10 % gewähren. Hochachtungsvoll
H. Hartdegen.

Louis Röhrig & Co. in Coburg
Spitalgasse Bez. III, 11.
Fabrik in Kinderspielwaaren.

AUGUST RUPRECHT
am Albertsplatz
empfiehlt seine **Conditorei** und bittet zu beachten, dass **Coburger Macronen, Torten** und **Quittengegenstände** als empfehlenswerth bekannt sind.

Spitalgasse Nr. 9. III. **Heinrich Borneff,** Spitalgasse Nr. 9. III.
Chirurg,
vis à vis Hôtel Leuthäuser.

Cabinet zum Haarschneiden und Rasiren. — Toiletten-Seifen, Haaröle und Pomaden. — Parfümerien und alle Toilettengegenstände. — Aechtes Eau de Cologne. — Reich assortirtes Lager von Bruchbändern aller Art. — Chirurgische Instrumente, Artikel zur Krankenpflege. — Rasirmesser und Streichriemen. —
Einziges Depôt
für Coburg und Umgegend des als vorzüglich bekannten
Weissen Brust-Syrup's
von G. A. W. Mayer in Breslau, — von Remershausens Augenessenz, der Augsburger Lebensessenz, — der Langschen Reinigungspillen. — Chinesisches Haarfärbemittel. — Hühneraugenapparate und Hühneraugenpfläscherchen u. s. w.

COBURG.
Gasthof zur goldenen Traube.
Besitzer: Ch. Mönch.

Empfiehlt den geehrten Reisenden seinen gut eingerichteten Gasthof unter Zusicherung billiger und aufmerksamer Bedienung; ist durch die Uebernahme der Posthalterei in den Stand gesetzt, zu jeder Zeit Equipagen zu Ausflügen nach der Umgebung zur Verfügung stellen zu können.

Emil Weingarten,
Herzogl. Hof-Uhrmacher.
Marktplatz, Herrengassen-Ecke, Bez. III., 19,
Geschäfts-Local Bez. III., 78.

Fortwährend reichhaltiges Lager der feinsten und modernsten Uhren aller Gattung.

I. P. Staude's Sohn
Besitzer der Firma: Julius Staude,
Ketschengasse I. Bez. Nr. 17,

empfiehlt sein **Droguen- & Farbwaarengeschäft,** insbesondere: sämmtliche Anilinfarben in Kristallen und Lösung, ätherische Oele zur Parfümerie, crist. und calcinirte Soda, Aetznatron, Seesalz, Zinkweiss, Schwefel, Schwefelzink. Eisenmennige, engl. Mennige, alle Vitriolsorten, Blauholzextrakt, chroms. und blaus. Kali, Maschinenoel, alle Metall- und Erdfarben;

hält ferner Lager von Beleuchtungsstoffen wie: Petroleum, Photogène, Solaröl, Paraffin, Paraffinkerzen,

sowie von: Amerikan. Fleischextrakt in $1/4$, $1/2$ und $1/1$ Büchsen, ächtem Malaga, Eisenliqueur, grünem und schwarzem Thee, ächten Havanna-Cigarren.

Fritz Wöhner,
Drechsler- und Kurzwaaren-Geschäft
am Markt in Coburg, Bez. II., Nr. 10,

empfiehlt sein gut assortirtes Lager selbstgefertigter **Drechslerwaaren**, als: Pfeifenrohre, Spazierstöcke, Kegel, Lignum sanctum-Kugeln etc., Wiener Meerschaum-Tabakspfeifen und dergleichen Cigarrenspitzen. Drechslerarbeiten werden auf Bestellung prompt und billigst geliefert.

Fabrik seidener, wollener und baumwollener **Sonnen-** und **Regenschirme.**

Grosses **Schuh-** und **Stiefellager** vom besten Leder und dauerhafter, eleganter Arbeit.

Lager englischer und französischer Kurzwaaren, Parfümerieen, Jagd- und Fischfang-Utensilien, medicinische Apparate von Gummi, Hosenträger und Gürtel. North-British franz. und engl. Gummischuhe, Bürstenwaaren, Rosshaar- und patentirte Kork-Einlegesohlen.

Agenturen
für
Feuer-, Spiegelglas-, Lebens-Versicherung u. Auswanderer.

Importirte und **Bremer Cigarren** in gut abgelagerter Waare.

Musterlager von Tapeten.

AUGUST SEIDEL,
Herrenkleidermacher
in
jetzt noch in der Ketschen-gasse Bez. V, 8. **Coburg** von Nov. 1865 an Spitalgasse Bez. III, 15.

empfiehlt sein reich assortirtes Lager fertiger *Herrenkleider* von modernster Façon und solider Arbeit, sowie eine reichhaltige Auswahl von *Herrenkleiderstoffen* jeder Jahreszeit von vorzüglicher Güte. Noch mache ich ein verehrliches Publikum besonders aufmerksam, dass ich Stoffe auch an Nichtkunden zu den billigsten Preisen ablasse, gleichzeitig empfehle ich auch mein Lager von *Herrenwäsche, Shlipsen, Cravatten* und dergl. Gütige Aufträge werden prompt, geschmackvoll und unter billigster Berechnung ausgeführt.

Zu Ausstattungen und häuslichem Gebrauch

empfehle ich mein gut assortirtes **Leinen-Lager**, bestehend aus:

Holländischer, Irischer, Schlesischer, Herrenhuter und Bielefelder Leinwand, Tischzeuge in Damast und Drell, Hand- und Taschentücher

zu bekannt billigen Preisen; ferner mache ich auf mein

Weisswaaren- & Krinolinenlager

aufmerksam, enthaltend: grosse Auswahl in 8/4 und 10/4 breiten Gardinen, Mull, Tüll, Nangsoc, Valenciennes und geklöppelte Spitzen, Manschetten, Kragen für Herren und Damen, Glacéhandschuhen, Einsätzen zu Herrenhemden, Shirtings, Piqués, Bettdecken, Blousen, Negligéhauben, gehäkelte und gewirkte Sopha- und Tischdecken, Netze, Rüchen, Oberhemden etc. etc.

Durch direkte Verbindung mit bedeutenden Fabriken bin ich stets in Stand gesetzt, bei guter Qualität der Waaren die billigsten Preise zu stellen, empfehle daher zu Einkäufen mein Lager unter Zusicherung reellster Bedienung.

I. Masur, Rosengasse.

I. P. Angermüller,

Bezirk IV. Nr. 45, Kirchgasse.

Instrumentenfabrik u. Reparaturwerkstätte für Pianoforte und Pianinos.

Leih-Anstalt für Pianoforte und Pianinos.

PH. BÜSCHELBERGER,

herzogl. Hofschuhmacher,

wohnhaft Bez. I. Nr. 7,

verfertigt jede erforderliche **Fussbekleidung** und sichert solide Arbeit und billige Preise zu.

Die

lithographische Anstalt

und

Steindruckerei

Bez. VI, 2,

von

Ludw. Ed. Beuschel

in

Coburg

empfiehlt sich zu geneigten Aufträgen.

Bei **ERNST PFRENGER**,

Hofbäcker,

Steinthor Bez. IX, 70,

stets frisch vorräthig die verschiedensten Sorten von feinem **Backwerk**.

Alle Sorten **Herren- und Damenkoffer, Reisesäcke, Couriertaschen,** allerlei **Geschirr, Sättel** und **Reitzeug** empfiehlt zu billigen Preisen

Conrad Oerl.

Riemermeister.

Die
Lithographie und Steindruckerei
von
Chr. Ernst Fischer,
Coburg, Steingasse Nr. 90,

empfiehlt sich zur Anfertigung aller in diese Fächer einschlagenden Arbeiten.

E. KUNZ,
Hofuhrmachers-Wittwe,
Spitalgasse III, 9,

empfiehlt ihr reichhaltiges Lager aller Arten **Uhren etc.** Aufträge werden schleunigst und billig ausgeführt.